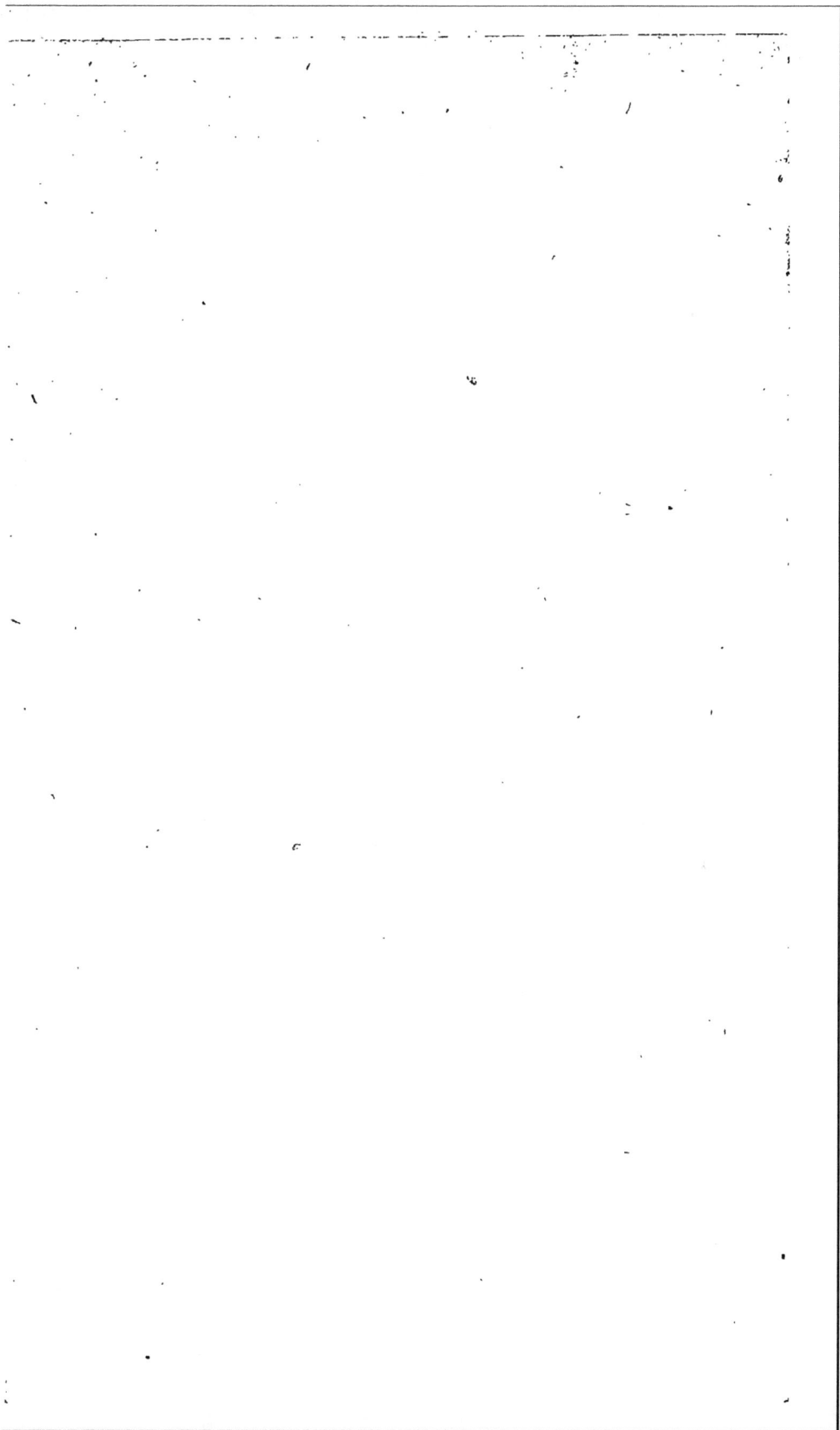

X

HARANGUES

DE

CICÉRON.

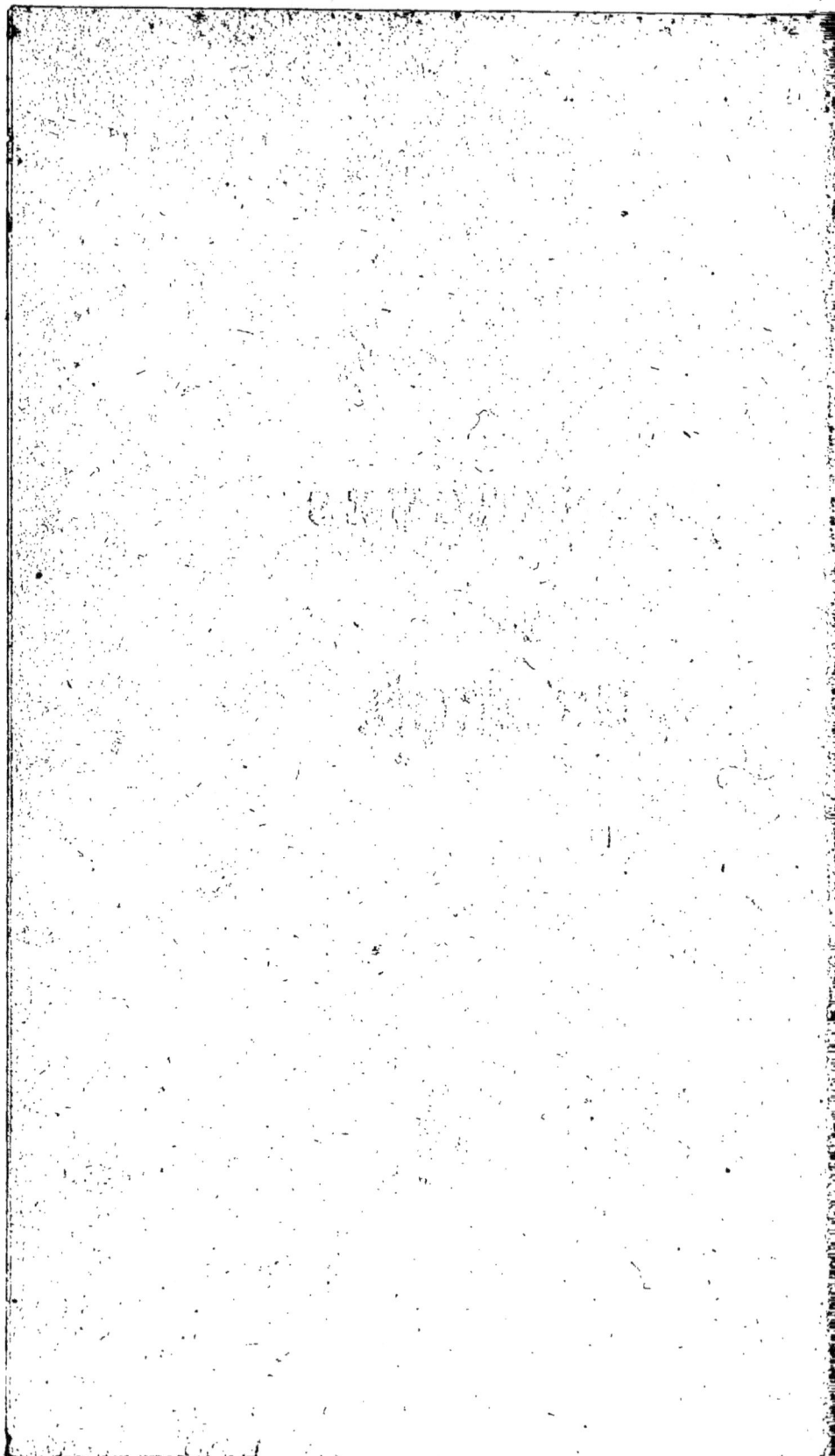

HARANGUES

DE

CICÉRON

CONTRE

CATILINA,

SUIVIES

DE DIVERSES NOTES ET ANALYSES.

NISMES,

CHEZ J. B. GUIBERT, IMPRIMEUR DU ROI.

1825.

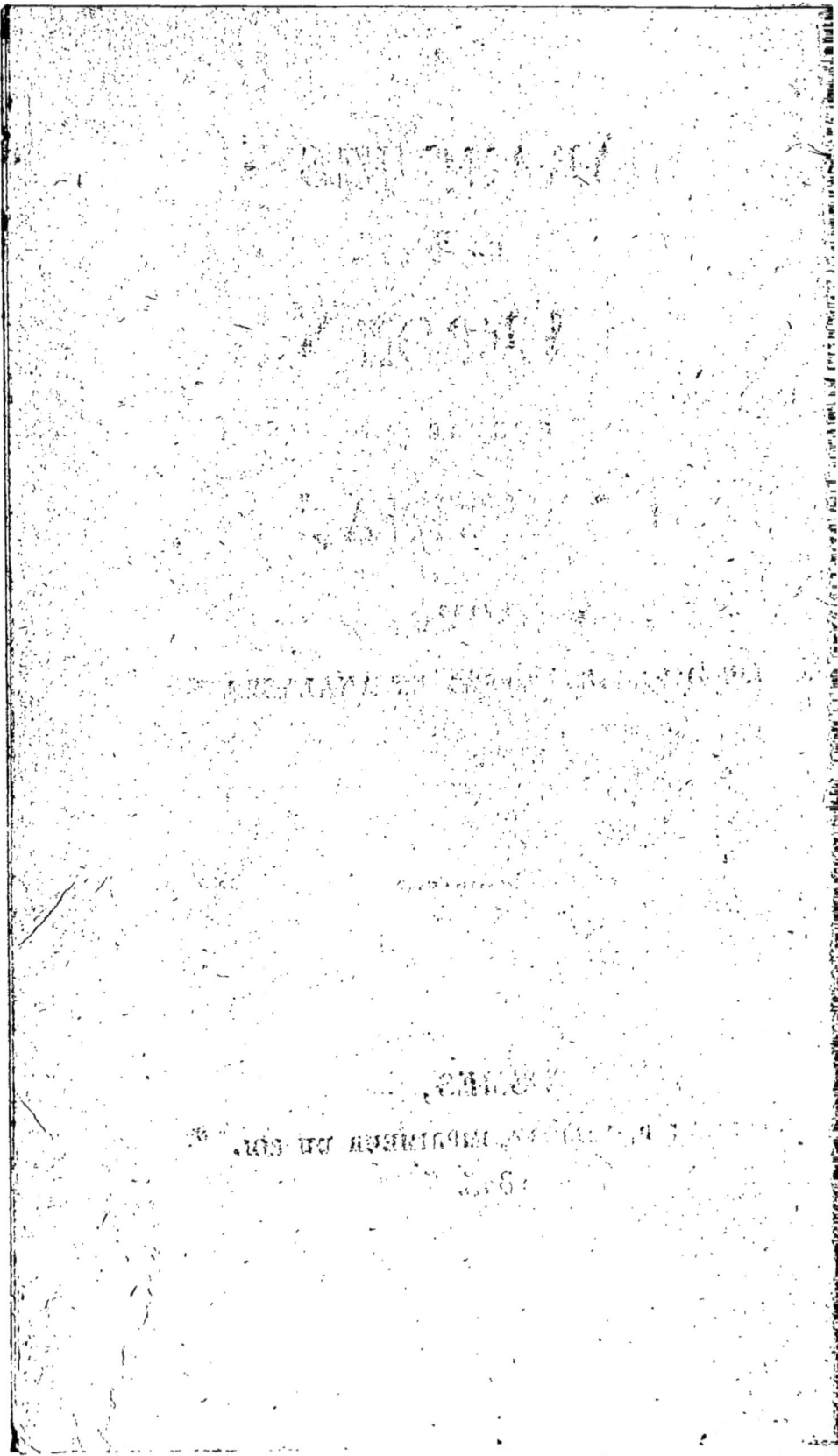

PRÉFACE.

~~~~~~~~~~

JE n'ai pas besoin de retracer ici le mérite de Cicéron ; il est au-dessus de tous les éloges. Les vrais savans qui sont venus après lui , les gens de lettres les plus distingués, l'ont toujours regardé avec raison comme l'oracle de la philosophie morale , comme le plus parfait modèle de l'éloquence romaine. Je suis sans doute bien téméraire d'oser offrir au public la traduction de quelques-uns de ses chefs-d'œuvre. Mais si mon pinceau est peu digne d'exprimer les beautés qui brillent dans ses ouvrages, le but que je me propose me servira d'excuse , puisqu'il se termine à être utile à la jeunesse et à seconder les soins de ses maîtres. En se consacrant dans leurs nobles professions, à sa culture et à son bonheur, ils raniment mon zèle et me font desirer de suivre leur exemple jusqu'au dernier terme de ma vie. Après avoir long-temps partagé.

les soins honorables qu'ils se donnent, je les partagerai encore d'un autre manière dans ma retraite. J'emploirai les faibles moyens qui me restent à préparer des matériaux d'étude à cette jeunesse précieuse, ou, pour mieux dire, à lui en adoucir les épines, à faire éclore pour elle quelques fleurs. Que j'obtienne un sourire de sa reconnaissance ; que ceux qui la dirigent m'honorent de leur approbation ; qu'ils daignent m'adresser leurs observations littéraires, j'en ferai mon profit, et je dirai, sous tous ces rapports : Voilà ma plus douce récompense.

HARANGUES

DE

CICÉRON.

PREMIÈRE HARANGUE.

I. 1. Jusques à quand enfin, *Catilina*, abuseras-tu de notre patience ? Combien de temps encore serons-nous le jouet de ta fureur ? Quelles bornes mettras-tu à ton audace effrénée ? Quoi ! rien ne fait impression sur ton âme ! Ni la garde nocturne du palais, ni les sentinelles de la ville, ni la crainte du peuple, ni l'agitation des gens de bien, ni ce lieu si fortifié où le sénat s'assemble, ni les traits sévères des sénateurs, ni leur air d'indignation : rien ne peut t'émouvoir ! Ne sens-tu pas que tes projets sont découverts ? Ne vois-tu pas que ta conjuration est déjà comme enchaînée, par cela même qu'ici tout le monde en a une pleine connaissance ? Crois-tu qu'aucun de nous ignore ce que tu as fait la nuit dernière et la précédente ; quels sont les endroits où tu t'es rendu, quelles personnes tu as fait venir, quelles mesures tu as prises ?

2. O temps ! ô mœurs ! Le sénat est instruit

de ces coupables manœuvres ; le consul les voit, et *Catilina* vit encore ! Il vit ; que dis-je ? Il vient même au sénat ; il prend part ouvertement à nos délibérations ; il marque, il désigne de ses regards ceux d'entre nous qu'il destine à la mort. Nous cependant, nous croyons remplir généreusement nos devoirs envers la république, si nous parvenons à éviter la fureur et les armes de ce monstre.

3. C'est à la mort qu'il aurait fallu te faire conduire, *Catilina* ; le consul aurait dû depuis longtemps en donner l'ordre ; il aurait dû faire tomber sur ta tête ce fléau que tu cherches il y a si longtemps à répandre sur nous. N'a-t-on pas vu l'illustre *Scipion*, dans le temps qu'il était souverain pontife, faire mourir, de son autorité privée, *Tiberius Gracchus*, pour quelques atteintes portées à l'état de la république : et nous, lorsque *Catilina* n'aspire qu'à ravager la terre par le meurtre et l'incendie, nous, consuls, nous le souffrirons ? Si je voulais produire des exemples plus antiques, je citerais encore *Servilius Ahala*, tuant de sa main *Spurius Melius* qui voulait introduire des nouveautés dans la république. Il y avait jadis dans notre gouvernement, il y avait une si rare vertu, que bon nombre de citoyens généreux ne craignaient pas d'infliger à un perturbateur de plus graves supplices qu'à l'ennemi le plus cruel. Mais n'avons-nous pas contre toi, *Catilina*, un sénatus-consulte sévère et redoutable ? Ce n'est donc point la prudence ni l'autorité

de cette auguste assemblée qui manquent à la république ; c'est nous, consuls, je le dis ouvertement , c'est nous qui lui manquons.

II. 4. Le sénat avait jadis ordonné au consul *Opimius* de veiller à ce que la république ne souffrît aucun dommage. Aussitôt , sans attendre l'intervalle d'une seule nuit, l'on mit à mort, sur quelques soupçons de révolte, *Caïus Gracchus* , malgré l'illustration de son père , de son aïeul , de ses ancêtres. Ainsi périt avec ses enfans *Fulvius Flaccus* , personnage consulaire. Lorsque dans la suite un sénatus-consulte semblable eut confié les intérêts de la république aux consuls *Marius* et *Valérius* , je demande s'il se passa un seul jour sans que le tribun du peuple *Saturninus* et le préteur *Servilius* ne fussent mis à mort, sans que la république ne fût ainsi vengée par leur supplice ? Et nous , voilà déjà vingt jours que nous laissons s'émousser l'ardeur et la puissante autorité du sénat. Car le décret que nous en avons , tout important qu'il est , nous le tenons renfermé dans nos registres , comme l'on tient une épée dans son fourreau. D'après ce sénatus-consulte, *Catilina* , tu devrais à l'instant être mis à mort ; tu vis cependant, et ce n'est pas pour renoncer à ton audace , mais pour la redoubler. Je voudrais bien , pères conscrits , employer la clémence ; je voudrais aussi ne point paraître mollir , quand les plus grands dangers menacent la république , et je vois le moment où j'ai plutôt à m'accuser de faiblesse et de lâcheté.

1 *

5. Il existe en Italie une armée contre la république ; elle est placée dans les gorges de
l'Etrurie ; chaque jour s'accroît le nombre de
nos ennemis. Cette armée a son général ; ces
ennemis ont leur chef; il est au sein de nos
remparts. Que dis-je? il est en plein sénat : nous le
voyons tramer chaque jour de nouveaux complots
contre la république. Si dans l'instant je te faisais
saisir, *Catilina*, si j'ordonnais qu'on te mît à
mort, la seule crainte, je pense, que je devrais
avoir, c'est d'entendre tous les gens de bien me
reprocher ma lenteur, loin qu'aucun d'eux me
reprochât ma cruauté. Mais cet ordre que j'aurais
dû donner depuis long-temps, je ne le donnerai
pas encore ; j'ai de trop bonnes raisons pour le
différer. Viendra le moment enfin où tu subiras
ton supplice, et ce sera lorsqu'on ne pourra plus
trouver un homme qui soit assez méchant, assez
pervers, assez semblable à toi, pour oser dire
que ton châtiment est injuste. Tant qu'il y aura
un être qui aura la hardiesse de te défendre, tu
vivras; mais tu vivras comme tu vis maintenant,
entouré, assiégé de mes escortes: je te déclare
qu'elles sont assez nombreuses et assez fortes
pour te réduire à l'impossibilité de rien entreprendre de dangereux contre la république.
Plusieurs citoyens auront aussi sur toi leurs
regards, sans que tu t'en doutes; ils prêteront
l'oreille à tes discours; ils feront ce qu'ils ont
fait jusqu'à présent, ils t'observeront et te sur-
veilleront sans cesse.

III. 6. Est-il rien, en effet, je te le demande, *Catilina*, est-il rien qui puisse désormais flatter ton espérance, puisque la nuit, malgré ses ténèbres, ne peut nous dérober tes assemblées criminelles, puisque ta maison même n'est pas capable de retenir dans son enceinte la voix de ta conjuration, puisqu'enfin tout se dévoile, tout éclate au dehors ? Change de projets ; veuille m'en croire ; ne pense plus aux meurtres ni aux incendies. Tu es investi de toutes parts ; tous tes projets sont devenus pour nous plus clairs que la lumière. Il t'est loisible de reconnaître même avec moi ce que je ne crains pas de te dire.

7. Ne te souvient-il pas qu'avant le douzième jour des calendes de novembre, j'ai dit en plein sénat qu'à certaine époque, qui devrait se rencontrer précisément le six de ces mêmes calendes, l'on verrait prendre les armes à *Mallius*, le satellite de ton audace, le ministre de ta fureur ? Me suis-je trompé, *Catilina*, sur un attentat si énorme, si atroce, si peu croyable ? Me suis-je trompé sur le jour même de son exécution, ce qui doit te paraître plus étonnant encore ? N'est-ce pas moi qui ai dit aussi au milieu du sénat, que tu avais remis le meurtre des principaux citoyens au cinquième jour des calendes de novembre ? Ce fut alors que des personnages très-distingués parmi nous sortirent de Rome en grand nombre, moins pour mettre leur vie à l'abri de tes atteintes que pour rompre les efforts de tes perfides manœuvres. Pourrais-

tu nier que ce jour-là même tu fus si bien cir-
convenu par mes gardes , si bien enveloppé par
ma surveillance , qu'il te fut impossible de rien
entreprendre contre la république ? Te consolant
alors de l'absence de certains autres Romains ,
tu te plaisais à redire que nous péririons , nous
qui étions restés dans la ville , et que notre sang
suffirait à te satisfaire.

8. Mais rappelle-toi ce qui arriva à *Preneste*
le jour même des calendes de novembre ; tu ne
doutais pas qu'un assaut nocturne ne te mît en
possession de cette ville : eh bien ! je te demande
si tu ne t'aperçus pas que cette colonie avait été,
par mes ordres , mise à l'abri d'un coup de main,
et que je l'avais munie de forces suffisantes , de
bonnes gardes et de sûres sentinelles ? Il est donc
vrai que tu ne fais , que tu n'entreprends , que
tu ne médites rien que je n'apprenne ; que je ne
voie même , que je ne découvre parfaitement.

IV. 9. Tu n'as enfin qu'à reconnaître avec moi
ce qui s'est passé cette avant-dernière nuit , et
juge d'après cela si je ne veille pas avec plus
d'ardeur au salut de la république , que toi à sa
perte. Je te déclare donc sans balancer , car je
ne mets point ici de mystère , que la nuit dont
il est question , tu es venu chez *Lecca* , au milieu
de gens armés de faux ; que là se sont rendus
en grand nombre les compagnons de tes extra-
vagances et de tes crimes. Oseras-tu le nier?....
Pourquoi ce silence ? Mais tu aurais beau le désavouer ; je suis prêt à t'en convaincre ; car je

puis te citer des personnes qui sont ici dans le sénat sous mes regards, et qui t'accompagnaient, qui se trouvaient dans le même lieu.

10. O Dieux immortels! où sommes-nous ? Dans quelle ville vivons-nous ? Quelle république avons-nous ? Ici paraissent, ici au milieu de nous, *pères conscrits*, au milieu de cette assemblée la plus sainte, la plus auguste de l'univers, sont des hommes qui ne rêvent que ma mort, que celle de vous tous, sénateurs, qui ne respirent que pour la destruction de cette ville, que pour le ravage de la terre. Je suis consul, et je puis me résoudre à les voir, à leur demander leur sentiment sur la république, et ceux que j'aurais dû sans pitié faire périr sous le glaive, je ne leur fais pas encore sentir les traits de mes discours !

11. Il est donc vrai, *Catilina*, que la nuit dont nous parlons tu as été chez *Lecca*, que tu as divisé l'Italie en diverses parts, pour y fixer les endroits où chacun devait se rendre ; que là tu as choisi les conjurés qu'il te plaisait de laisser à Rome et ceux que tu devais emmener avec toi ; qu'ensuite tu as décrit les quartiers de la ville où il fallait porter la flamme, réglé enfin ton prochain départ, et assuré que la seule chose qui te retenait, c'est que je respirais encore. Alors deux chevaliers romains sont venus s'offrir à toi, pour te délivrer de cette inquiétude et te promettre de venir un peu avant le jour me poignarder dans mon propre lit.

12. Toutes ces choses m'ont été dévoilées du

moment que tu as quitté l'assemblée et qu'elle a été dissoute. Alors j'ai muni ma maison et je l'ai renforcée d'une garde plus nombreuse. L'on a exclu par mes ordres ceux que tu avais envoyés au point du jour sous prétexte de me saluer; c'étaient précisément ceux que j'avais annoncés d'avance à plusieurs personnes distinguées, et qui sont venus au moment que je l'avais prédit.

V. 13. Au point où en sont les choses, *Catilina*, poursuis le cours de tes entreprises; sors enfin de la ville; les portes te sont ouvertes; presse-toi de partir. Il n'y a déjà que trop long-temps que tu es attendu comme général dans le camp de *Mallius*; emmène aussi tous tes partisans avec toi; du moins entraînes-en le plus grand nombre; purge la ville de ces êtres. Tu me délivreras ainsi de mes plus grandes alarmes; car je n'aspire qu'à voir nos remparts entre ta personne et la mienne. Tu ne saurais rester plus long-temps avec nous. Je ne peux ni l'endurer, ni le souffrir, ni le permettre.

14. Nous avons à rendre de suprêmes actions de grâces aux dieux immortels, spécialement au plus ancien protecteur de cette ville, à *Jupiter Stateur*; nous avons mille fois échappé par leur secours au fléau le plus hideux et le plus horrible pour nous, le plus funeste pour la république. Non, il ne faut pas qu'un seul homme expose plus long-temps le souverain salut de l'État.

Toutes les embûches que tu m'as tendues, *Catilina*, tant que je n'étais simplement que

consul désigné , je les ai évitées sans avoir besoin
de garde publique ; je n'ai eu recours qu'à ma
vigilance particulière. Mais aux dernières comices consulaires, où l'on m'a élevé à la place
que j'occupe et où tu as voulu m'assassiner moi et
tes compétiteurs, j'ai eu besoin du secours, des
forces de mes amis, pour réprimer tes criminels
attentats; ce qui cependant s'est fait sans exciter
aucun tumulte public. Enfin , je puis me vanter
de t'avoir résisté par moi-même , toutes les fois
que j'ai été seul l'objet de tes attaques , sans
me dissimuler néanmoins que ma perte pouvait
faire tomber les plus grands malheurs sur la république. Aujourd'hui tu lèves le masque ; tu
attaques la république entière ; tu en veux aux
temples des dieux immortels , aux maisons de
la ville, à l'existence générale de tes concitoyens;
enfin tu appelles sur toute l'étendue de l'Italie
et la ruine et la désolation.

16. Je n'ose donc me permettre contre toi ce
qui est capital dans cet empire , ce que la disci-
pline de nos ancêtres a toujours autorisé ; et
puisque le temps n'en est pas venu encore , je
ferai ce qu'une sévérité légitime présente de plus
modéré, et ce que le salut public demande de
plus utile. Je suppose en effet que j'ordonnasse
ta mort, il est évident que le reste de tes conjurés
demeurerait dans la république ; si au contraire
tu sors, comme je t'y exhorte depuis long-temps ,
on verra aussitôt sortir de la ville tes compagnons,
la plus grande , la plus pernicieuse sentine de

la république. Pourquoi, *Catilina*, hésites-tu
encore ? Balancerais-tu à faire par mes ordres
ce que naguère tu voulais faire de toi-même ?
Tu es devenu l'ennemi de la ville, le consul te
prescrit d'en sortir. Tu me demandes peut-être
si c'est à titre d'exil ? Je ne t'en fais pas l'exprès
commandement ; mais je t'y invite, si tu me
demandes mon conseil.

VI. 17. Et en effet, *Catilina*, y a-t-il rien
dans cette ville qui puisse encore te plaire ? Dans
cette ville où, à l'exception de ton vil ramas de
conspirateurs, il n'est personne qui ne te craigne,
personne qui ne te haïsse ? Y a-t-il quelque turpitude domestique dont ta vie n'offre la hideuse
empreinte ? Y a-t-il dans les affaires secrètes des
familles un déshonneur qui ne vienne redoubler
ton infamie ? Quelle est la licence qui ne respire
dans tes yeux ? Quel est le forfait qui ne soit
répandu sur tes mains ? Quelle sorte de corruption n'infecte toute ta personne ? Parmi ces jeunes
gens qui sont tombés dans tes piéges, à l'amorce
des plaisirs corrupteurs, nomme m'en un seul à
qui tu n'aies présenté le glaive pour satisfaire son
audace ou le flambeau pour assouvir sa brutale
fureur.

18. Mais quoi ! n'as-tu pas tout récemment encore égorgé ta première femme pour en épouser
une seconde ? Après avoir ainsi dégagé ta maison,
n'as-tu pas mis le comble à ce crime par un autre
plus effroyable ? Mais je ne m'arrête point à cet
exécrable forfait, et je voudrais même le passer

sous silence, pour qu'on ne dise pas que cette
ville a été le théâtre d'une action si abominable,
ou pour qu'on ne se plaigne pas du moins qu'on
n'en a point tiré vengeance. Je ne m'arrête pas
non plus à ce qui regarde la ruine de ta fortune;
ce malheur te menace et tu vas le sentir dans
toute sa force aux ides prochaines. Je passe à
des choses qui n'ont pas trait à ton ignominie
personnelle, à la honte de tes vices, à tes em-
barras domestiques, à tes opprobres, mais qui
regardent l'état souverain de la république, notre
existence générale, le salut de tous les citoyens.

19. Quel charme peut avoir pour toi, *Catilina*,
la lumière qui éclaire tes jours ? Quel agrément
peut t'offrir sous la voûte du ciel l'air que tu res-
pires ? Ne sais-tu pas que personne ici n'ignore
que la veille des calendes de janvier tu te montras
aux comices avec des armes, sous le consulat
de *Lépidus* et de *Tullus*, dans le dessein d'y
égorger les consuls et les principaux citoyens ?
C'est pour cela qu'une troupe d'assassins s'y
étaient rendus par tes ordres. Si ta scélératesse,
si ta fureur n'eurent alors aucun effet, l'on ne
doit pas l'attribuer à tes remords, ni à tes craintes, mais à la fortune qui veille sur le peuple
romain. Toutefois je passe ces horreurs sous
silence ; elles ne sont que trop connues, et il
y en a bien d'autres que tu as commises ensuite.
Combien de fois, dans le temps qu'on m'avait
désigné au consulat, n'as-tu pas voulu me faire
périr ; combien de fois, depuis que je l'exerce,

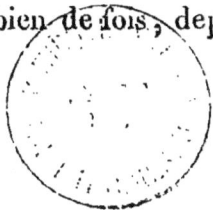

ne l'as-tu pas tenté encore ? Quelles attaques
n'as-tu pas dirigées contre moi , et cela avec
tant d'artifice , qu'on pouvait les croire inévi-
tables ? Je me suis cependant dérobé à tes coups
par d'adroits mouvemens , et comme on dit , par
une certaine souplesse de corps. Tu n'entreprends
rien , tu n'obtiens rien , tu ne machines rien qui
puisse long-temps échapper à ma connaissance ;
comment arrive-t-il donc que tu ne cesses de
former des projets et de tenter des entreprises ?
Ne t'a-t-on pas plusieurs fois arraché des mains
ce poignard dont elles sont armées ? N'est-il pas
arrivé souvent qu'il est tombé de ces mains criminelles et s'en est échappé, je ne sais par quelle
aventure singulière ? Tu ne saurais néanmoins
t'en dessaisir long-temps : l'on dirait vraiment que
tu l'as consacré à certains autels , et que tu l'as
dévoué à je ne sais quel être qui semble te faire
un devoir de l'enfoncer dans le sein d'un consul.

VII. 20. Je veux te demander maintenant à
quoi se réduit ta vie ? car je suis prêt à t'en
parler familièrement, sans paraître ému des sentimens de haine que je te devrais , mais des
sentimens de compassion que je ne te dois nullement. Tu viens d'arriver tout à l'heure dans le
sénat ; eh bien! réponds : dis-moi si, parmi tant
de citoyens , il s'en est trouvé un seul qui t'ait
présenté le moindre salut, même parmi tes parens
et tes amis? Si de mémoire d'homme un pareil
affront n'est arrivé à personne, attendras-tu qu'on
t'outrage de vive voix, au moment où un pareil

silence t'accable et devient pour toi un jugement foudroyant ? Qu'as-tu pensé lorsque tu as paru, et que ces siéges sont devenus déserts ? Qu'as-tu pensé devant ces illustres consulaires, dont ta fureur a si souvent médité le trépas, et qui tous se sont enfuis devant toi, dès l'instant que tu as voulu t'asseoir ? Vois-tu ces siéges qui t'environnent ? ils sont nus, ils sont déserts ; personne n'a voulu les garder à ton approche.

21. De quel front enfin crois-tu pouvoir soutenir ces marques d'indignation ? Je te proteste que si mes esclaves me redoutaient au point que te redoutent tous tes concitoyens, je ne balancérais point à quitter ma maison : faut-il que toi tu ne songes pas à quitter la ville ? Supposons que mes concitoyens eussent l'injustice de me soupçonner à ce point et de me couvrir ainsi d'affronts, j'aimerais mieux certainement renoncer à leur présence, que d'être poursuivi de toutes parts de leurs regards indignés ; et toi, quand le sentiment de tes crimes te fait reconnaître la justice de la haine générale qu'on te porte, de la haine que tu mérites depuis si long-temps, tu balances à te soustraire à l'aspect, à la présence de ceux dont tu révoltes les esprits et les cœurs ? Conviens même que si tes parens te craignaient et te haïssaient au point qu'il ne te restât aucune espérance de pouvoir les apaiser, tu te sauverais quelque part, j'aime à le croire ; tu te déroberais promptement à leurs yeux. Apprends donc maintenant que tu es l'objet de la haine de la patrie,

qui est ta mère, qui est la nôtre et celle de tous
les Romains ; elle t'abhorre et te redoute également ; elle ne voit en toi depuis longs jours
que le parricide qui trame sa perte. Faudra-t-il
que jamais tu ne respectes son autorité, tu n'exé-
cutes ses ordres, tu ne trembles devant sa
puissance ?

22. Entends sa voix, *Catilina* ; elle s'adresse
à toi, et dans son silence même, elle semble te
dire : Il n'existe aucun crime, depuis nombre
d'années, dont tu ne sois l'auteur, aucune infamie
où tu n'aies pris part ; toi seul as produit la mort
de plusieurs citoyens, sans en être puni ; toi seul
as exercé des vexations et des pillages envers
les alliés, sans garder aucun frein ni aucune
mesure ; c'est toi qui, peu content de mépriser
mes lois et mes ordonnances, as eu encore l'audace de les détruire et de les fouler aux pieds.
Ces crimes antérieurs n'étaient nullement sup-
portables ; cependant je les ai soufferts avec toute
la constance qui dépendait de moi. Mais à présent dois-je supporter d'être pour toi seul en de
continuelles alarmes ? Faut-il qu'au moindre bruit
il faille trembler devant *Catilina* ? Faut-il qu'il
ne puisse se former aucune entreprise dont la
scélératesse n'émane de ta fureur ? Voilà ce qui
lasse ma patience. Il ne te reste donc d'autre
parti à prendre que de t'enfuir et de me délivrer
de ces frayeurs mortelles : fais que je n'en sois pas
accablée, si elles sont justes ; et si elles ne le sont
pas, fais du moins que je puisse respirer en paix,

VIII. 23. Si la patrie te parlait ainsi par ma bouche, ne devrais-tu pas obéir à sa voix, quand même elle ne pourrait t'y contraindre par la force? Mais n'as-tu pas voulu de toi-même te livrer à notre garde? Que dire de ta manière d'éviter les soupçons, lorsque, te rendant chez *Lépidus*, tu as déclaré vouloir habiter chez lui? Il est vrai qu'il n'a pas voulu te recevoir, et qu'alors tu as eu l'audace de te présenter chez moi, en demandant que je voulusse bien te garder dans ma maison. Ma réponse a été aussi toute simple; je t'ai dit que je ne pouvais en aucune manière me croire sûr avec toi dans la même habitation, puisque je ne l'étais pas dans les mêmes remparts. A peine t'ai-je exposé ces craintes que tu as couru chez *Métellus* le préteur; mais il s'est également empressé de te refuser sa porte. Alors tu t'es transplanté chez ton compagnon de table, chez *Marcellus*, homme vraiment excellent et dont tu as conçu, je n'en doute point, des idées magnifiques, soit pour sa vigilance à te garder, soit pour sa sagacité extrême à te connaître, soit enfin pour sa ferme résolution à déployer sur toi ses rigueurs. Mais je te demande si l'on paraît bien loin de mériter la prison et les fers, quand on s'est soi-même jugé digne d'une surveillance spéciale?

24 Dans cet état de choses, *Catilina*, tu ne saurais rester ici et y vivre paisible: peux-tu en conséquence hésiter à te retirer dans des terres étrangères, où il te soit loisible de vivre dans

l'exil et dans la solitude , où tes jours soient
à l'abri des supplices que tu as mérités tant de
fois ? Faites , dis-tu , cette proposition au sénat :
voilà peut-être ce que tu exiges ; bien résolu
d'obéir à cette auguste compagnie , si elle décrète
que tu dois aller en exil. Non , n'attends point
que je fasse une pareille proposition ; elle est
trop éloignée de mon caractère : tout ce que je
peux maintenant, c'est de te faire comprendre
visiblement ce que tous nos sénateurs pensent
sur ton compte. Sors de la ville , *Catilina* , dé-
livre la république de ses alarmes. Si tu n'attends
que cette parole, elle est prononcée ; pars. Mais
d'où vient cette incertitude , *Catilina ?* Pourquoi
tant de réflexions ? Est-ce le silence des sénateurs
que tu remarques ? Ils me laissent la liberté du
langage et ils se taisent. As-tu besoin qu'ils te
parlent ? L'autorité de leur voix n'est - elle pas
superflue , quand d'une bouche muette ils t'expli-
quent si bien leur volonté suprême ?

25. Si j'avais tenu de pareils discours au jeune
Sextius , dont le mérite est si rare , ou bien au
valeureux *Marcellus* , ma qualité de consul ne
m'aurait pas sauvé de la juste indignation du
sénat ; il m'eut fait arrêter dans ce temple même
sans nul ménagement. Mais pour ce qui te regarde , *Catilina* , les sénateurs approuvent ma
conduite en demeurant tranquilles ; ils prononcent
ton arrêt en me laissant faire ; ils élèvent la voix
en demeurant dans le silence. Ne crois pas que
les seuls à penser ainsi soient ces augustes per-

sonnages dont l'autorité t'est sans doute bien
chère, quand leur existence n'est pour toi d'aucun
prix ; ce sont encore ces chevaliers romains, si
distingués par leurs vertus, ce sont tous ces
généreux citoyens qui environnent le sénat, et
dont tu as pu tout à l'heure voir l'affluence,
connaître les sentimens et entendre les murmures.
Il y a long-temps qu'ils te menacent de leurs
bras et de leurs armes ; et quoique j'aie de la
peine à modérer leur courroux, ils céderont
aisément à ma voix et t'accompagneront jusqu'aux
portes, quand tu abandonneras ces contrées que
depuis tant de temps tu n'aspires qu'à ravager.

IX. 26. Mais que dis-je ? Faut-il s'attendre
que rien soit capable d'abattre ton audace ? que
jamais rien te redresse ? que tu songes à quelque
espèce d'évasion ? que tu projétes aucune sorte
d'exil ? Ah ! puissent les dieux immortels t'ins-
pirer ce dessein ! Je sens bien néanmoins que si
ma voix t'épouvante et qu'elle t'engage à te livrer
à l'exil, tu vas attirer sur ma tête une haine
orageuse, dont le danger est formidable, sinon
dans le moment à raison du souvenir récent de tes
crimes, du moins dans le temps à venir. Mais
cette disgrâce, toute grande qu'elle est, je la
brave, pourvu que le malheur n'en réjaillisse
que sur moi, et que la république n'en souffre
aucun dommage. Mais qui oserait se flatter que
tu seras touché de tes désordres, que tu craindras
les rigueurs des lois, que tu céderas aux temps,
aux circonstances, aux besoins de la république ?

Non, il ne faut pas s'y attendre ; car tu n'es pas homme, *Catilina*, à te départir de la honte par l'honnêteté, du péril par la crainte, de la fureur par la raison.

27. Décide-toi donc à partir, comme je te l'ai dit cent fois ; et s'il est vrai que je sois ton ennemi, selon les rapports que tu en fais de toutes parts, appelle la haine sur moi : tu ne peux mieux à cet égard remplir tes vœux qu'en marchant tout droit à l'exil. Si tu te réduis à cela, j'aurai peine à supporter les discours de tes partisans ; tu exciteras contre moi la plus violente indignation, si l'on peut dire que tu sois allé en exil par l'ordre d'un consul ; il me sera bien difficile de soutenir le poids d'un tel fardeau. Mais si tu aimes mieux m'attirer des louanges et favoriser ma gloire, sors de la ville avec la troupe odieuse de tes indignes complices ; transporte-toi auprès de *Mallius*, soulève les citoyens ruinés, sépare-toi des gens de bien, fais la guerre à ta patrie, triomphe sur ton affreux brigandage : tu paraîtras ainsi, non comme banni chez des étrangers, mais comme invité à te rendre auprès de tes amis.

28. Mais qu'ai-je besoin de te faire moi-même cette invitation ? Ne sais-je point que déjà tu as envoyé d'avance à la place Aurélienne des hommes armés pour t'attendre ? Ne suis-je pas instruit du jour que tu as fixé avec *Mallius* pour agir de concert ? Et cette aigle d'argent qui, je n'en doute point, deviendra pour toi et pour les tiens

un objet de ruine et de désolation, crois-tu que je ne sache pas que tu lui as dressé dans ta maison un sanctuaire où tu médites tes forfaits, et que tu as donné des ordres exprès pour qu'elle précédât ta marche ? Pourras-tu te priver long-temps d'une pareille divinité, toi qui lui offrais tes hommages en allant exercer tes assassinats, toi qui souvent n'as quitté ses autels que pour aller tremper ta main scélérate dans le sang des citoyens ?

X. 29. Tu iras enfin où tes désirs, où tes fureurs t'entraînent depuis long-temps : cette audacieuse entreprise est loin de te causer de la douleur ; elle te comble, au contraire, d'une joie incroyable ; car la nature t'a formé pour cette extravagance ; tes propres penchans t'en ont donné l'habitude, et la fortune t'en réserve l'exécution. Jamais tu n'as désiré une paix, jamais une guerre qu'elle n'ait été criminelle. Tu t'es entouré d'un ramas de gens perdus, dénués de toute fortune, dénués même de tout espoir, et tu en as formé des bandes de scélérats dévoués à tes ordres.

30. Quand tu seras parmi eux, de quelle joie ne vas-tu pas jouir ? de quels transports ne vas-tu pas éclater ? de quelle volupté ne vas-tu pas énivrer ton cœur ? Là, dans la foule chérie de tes compagnons, tu n'en entendras, tu n'en verras pas un seul qui soit homme de bien. La vie que tu mènes, la passion que tu as pour elle, t'a sans doute engagé depuis long-temps à braver

les travaux que tu essuyes tous les jours. Elle te fait tantôt coucher sur la terre pour corrompre l'innocence, ou venir à bout de quelqu'autre attentat ; tantôt passer les nuits dans les veilles pour tendre des embûches aux maris, ou les surprendre dans leur sommeil ; tantôt pour t'emparer des biens des citoyens tranquilles. Tu as une belle occasion de montrer ta rare patience à souffrir la faim, le froid, les privations de toute espèce ; mais je me flatte que bientôt tu succomberas sous leur poids. Je puis me féliciter cependant d'avoir obtenu sur toi un avantage, c'est de t'avoir repoussé loin du consulat. Tu peux bien maintenant attaquer la république comme un banni, mais il n'est pas en ton pouvoir de la tourmenter comme consul. Toutes les scélératesses que tu pourras maintenant entreprendre, seront regardées, non comme une guerre, mais comme un véritable brigandage.

XI. 31. Maintenant, Pères Conscrits, j'ai en quelque sorte à détourner de ma tête les trop justes plaintes de la patrie ; j'ai à conjurer les dieux de ne pas me les rendre funestes. Pour parvenir à ce but, accordez-moi, de grâce, une nouvelle attention ; gravez dans vos esprits et dans vos cœurs les choses que j'ai encore à vous dire. Si la patrie, qui m'est plus chère que ma propre vie, si toute l'Italie, si la république entière me tenait ce langage: Que fais-tu, *Tullius?* Quoi ! cet homme que tu sais être mon ennemi, que tu vois prêt à devenir le chef d'une guerre

impie, que tu n'ignores pas être attendu dans
son camp comme général des rebelles ; cet homme
auteur d'une exécrable scélératesse, chef d'une
odieuse conspiration, provocateur des esclaves et
des plus mauvais citoyens, permettras-tu qu'il sorte
et que l'on puisse dire, non que tu l'as renvoyé
de *Rome*, mais que tu l'as introduit dans *Rome* ?
Est-il bien possible que tu n'ordonnes point qu'un
pareil homme soit chargé de chaînes, ou traîné
à la mort, ou puni du plus grand des supplices ?
Quel obstacle t'arrête ? Serait-ce les usages de
nos ancêtres ? Mais n'a-t-on pas vu souvent
dans cette république des citoyens pernicieux
condamnés à mort par de simples particuliers ?
Seraient-ce quelques lois de ménagement sur le
supplice des citoyens coupables ? Mais sache que
dans cette ville les traîtres à la république n'ont
jamais obtenu les droits des citoyens. Est-ce la
haine de la postérité que tu redoutes ? Alors tu
montrerais vraiment une belle reconnaissance
envers le peuple romain ! As-tu perdu de vue
que sur ta seule réputation, il t'a élevé aux plus
grands honneurs ? Ce ne sont point tes aïeux
qui t'ont recommandé à sa bienveillance, et cependant, de grade en grade, il t'a porté à la
première charge du gouvernement. Faut-il après
cela que la crainte de la haine ou de quelque
danger t'engage à l'indifférence, quand il s'agit
du salut de tes concitoyens ? Mais, quand même
les traits de l'envie te paraîtraient redoutables,
n'aurais-tu pas à craindre plutôt ceux qui par-

tiraient de ton inertie et de ta faiblesse , que ceux
que peuvent produire ta généreuse sévérité et
ton mâle courage ? Dis-moi si lorsque l'Italie
sera en proie aux ravages de la guerre , si lorsqu'on détruira ses villes , si lorsque ses habitations seront livrées aux flammes ; dis-moi si
tu penses que tu pourras alors t'empêcher d'être
toi-même la proie de l'incendie que produira
contre toi l'indignation publique ?

XII. 32. Ces plaintes de la république sont
sacrées à mes yeux , comme celle de tous ceux
qui pensent de même , et je n'ai que peu de
choses à y répondre. Il est très-vrai, Pères Conscrits , que si j'avais cru que le meilleur parti à
prendre était de punir de mort *Catilina*, je me
serais déterminé sur-le-champ , et je n'aurais pas
laissé la vie un moment de plus à ce gladiateur.
Si de grands hommes , si d'illustres citoyens , ne
se sont point déshonorés en répandant le sang
de *Saturninus* , des *Gracques* , de *Flaccus* et de
bien d'autres plus anciens ; s'ils en ont acquis ,
au contraire, un nouvel honneur , devais-je craindre , moi, d'encourir la haine de la postérité , en
faisant mourir le parricide de ses concitoyens ?
Mais fût-il vrai qu'elle m'eût encore menacé
davantage, je suis persuadé et je l'ai été toujours
que la haine qui vient de la vertu n'est plus une
haine , mais une véritable gloire.

33. Je n'ignore pas toutefois que dans cette auguste assemblée il y a des hommes qui ne voient pas
les dangers qui nous menacent , ou qui cherchent

à s'en dérober à eux-mêmes la connaissance ;
aussi dois-je déclarer que ceux-là , par la faiblesse de leurs décisions, ont fomenté les espérances de *Catilina* , et ont accru la force de la
conjuration dès sa naissance, en ne voulant pas
y ajouter foi ; leur autorité a séduit beaucoup de
gens , soit dans le rang des mal-intentionnés ,
soit parmi ceux qui n'ont point d'expérience ;
ces diverses personnes ne manqueraient pas de
dire, en me voyant punir *Catilina* , que j'ai usé
de trop de rigueur et même d'une certaine
tyrannie. Ma position présente me fait très-bien
sentir que si le chef du camp de *Mallius* se rend
à sa destination , il n'y aura pas d'homme assez
insensé pour ne pas reconnaître cette conjuration , pas d'homme assez méchant pour n'en pas
convenir. Mais si l'on ne vient à mettre à mort
que le seul chef, ce sera bien réprimer un peu ,
je l'avoue, la peste de la république , mais ce
ne sera pas l'étouffer pour toujours. Au lieu qu'en
se bannissant lui-même , en entraînant avec lui
ses compagnons, en rassemblant au même en-
droit tous ces misérables qu'il a recueillis de
toutes parts au sortir de leur naufrage, *Catilina*
nous mettra à même de voir s'éteindre et se
détruire entièrement, non-seulement cette peste
qui déjà dévore la république , mais encore la
source et la racine de tous nos maux.

XIII. 34. Car il faut en convenir, Pères Conscrits ; les dangers et les piéges dont cette conjuration nous environne sans cesse, n'ont duré

que trop long-temps ; mais je ne puis comprendre
par quelle fatalité toutes ces scélératesses, toutes
ces longues et audacieuses fureurs se sont répan-
dues et ont fait leur dernière explosion pendant
notre consulat. Ainsi quand même, au milieu
de cet affreux brigandage, l'on en détruirait le
chef, ce ne serait que pallier nos maux pour
un peu de temps et nous soulager momentané-
ment de nos inquiétudes et de nos craintes ; le
danger n'en serait pas moins subsistant ; il demeurerait profondément caché dans les veines,
dans les entrailles de la république : elle serait
dans l'état de ces hommes attaqués d'une violente
maladie, et qui, au moment qu'une fièvre brû-
lante les dévore, espèrent se soulager par une
grande boisson d'eau fraîche. En effet, il semble
que d'abord leur situation s'améliore ; mais bientôt
leur mal redouble, et ils demeurent en proie à
de plus cruelles douleurs. Ainsi la souffrance de
la république peut bien être adoucie par le supplice de *Catilina* ; mais elle ne fera que s'en-
flammer de nouveau, si la jouissance de la vie
est laissée à ses complices.

35. PÉRORAISON.

Tous nos vœux, Pères Conscrits, se réduisent
donc à faire sortir les mauvais citoyens. Qu'ils
s'empressent de s'éloigner des gens de bien ; qu'ils
se rassemblent dans un même lieu ; qu'ils mettent
enfin, comme je l'ai dit cent fois, entre eux et

nous un vaste rempart; qu'ils cessent d'environner
de piéges le consul jusque dans sa maison ; qu'ils
n'aillent plus se placer autour du tribunal du
préteur romain , ni assiéger le palais avec des
glaives , ni faire provision de brandons et de
torches pour incendier la ville ; il faut en un
mot que chaque citoyen porte écrits sur son
front ses sentimens envers la république. Quant
à moi , Pères Conscrits , j'ose vous garantir que
les consuls , par leur vigilance , seconderont puis-
samment la grandeur de votre autorité ; les
chevaliers romains la soutiendront également par
leur rare valeur , comme tous les gens de bien
par un accord unanime ; c'est ainsi que tous les
projets de *Catilina* seront découverts à son départ ; vous les verrez dans toute leur noirceur ,
mais abattus et punis comme ils doivent l'être.

De tels présages, *Catilina* , nous rassurent
sur le souverain salut de la république ; mais ils
t'annoncent aussi tes malheurs et ta perte ; ils
t'annoncent la ruine de tous ceux que le crime
et le parricide ont unis à ton sort. Ne balance
donc point à partir et à te rendre aux lieux où
t'appelle une guerre impie et scélérate.

Toi , cependant , *grand Jupiter* , toi que
Romulus honora jadis dans cette ville , et dont
il consacra les autels sous les mêmes auspices que
la fondation de Rome ; toi que, sous le nom de
Stateur , nous invoquons comme le soutien de la
cité et de l'empire , tu repousseras ce scélérat et
ses complices loin de tes temples et de ceux des

autres immortels, loin de nos maisons et de nos
remparts, loin de la vie et de la fortune de tous
les citoyens; tu confondras ces hommes, fléaux
des honnêtes gens, ennemis de leur patrie, brigands de l'Italie ; tu dévoueras à d'éternels supplices, et pendant leur vie et après leur mort,
ces hommes qui ne connaissent entr'eux d'autre
alliance que celle du crime, d'autre société que
celle des forfaits.

NOTES ET ANALYSES.

Un des plus beaux monumens de l'éloquence est, sans
contredit, le premier discours que *Cicéron* prononça
dans le sénat contre *Catilina*. Ce n'est pas que les trois
autres ne soient aussi très-éloquens, et ne présentent
de grands traits ; mais on peut dire qu'ils ne sont pas
caractérisés par cette fougue, cette impétuosité entraî-
nante qui domine dans celui-ci. Jamais la voix d'un
homme ne se fit entendre d'une manière plus solennelle;
jamais objet plus grave n'occupa l'orateur romain.
Revêtu pour lors du consulat, il parlait devant cette
auguste assemblée, depuis long-temps arbitre de Rome,
et maintenant arbitre du monde. Il se déchaînait contre
un citoyen du premier rang, qui avait porté la scélératesse à son comble, qui bravait tous les pouvoirs et
ne tendait à rien moins qu'à les renverser tous, et à
détruire entièrement la république. L'ascendant de la
vertu sur le crime se montre ici dans tout son jour.
L'audace de *Catilina* ne tint point contre les apos-
trophes véhémentes de son adversaire qui, développant
toute la noirceur de sa conduite privée, lui fit con-

naître encore qu'il n'ignorait rien de ses menées secrètes contre la république. Ce développement est admirable autant qu'il est terrassant pour son adversaire. Il le réduit enfin à sortir d'une ville dont il est l'effroi et l'exécration. C'était là l'objet de ses vœux. Il n'eût bientôt qu'à faire punir de mort les principaux complices détenus dans les prisons, et à détruire, par l'armée consulaire, les rebelles armés que *Mallius* commandait dans l'Etrurie, et qui, soutenus de la présence de *Catilina*, périrent en forcenés sur le champ de bataille.

C'était là ce que *Cicéron* avait prévu. En effet, les autres discours qu'il prononça sur le même objet ne servirent qu'à justifier tout ce qu'il avait dit dans le premier, et à démontrer au sénat et au peuple, la sagesse de ses mesures. Ce triomphe de son zèle et de son éloquence lui valut le plus beau titre dont puisse se glorifier un mortel : celui de sauveur de sa patrie. La postérité a confirmé le jugement de ses contemporains, et nos derniers neveux le lui conserveront à jamais.

---

1. **Début fameux** qui renferme un superbe exemple de l'exorde, appelé, en termes littéraires, par *in-promptu* ou *ex-abrupto*. La nature et le goût l'inspiraient à *Cicéron*, pour jeter l'épouvante dans l'âme de *Catilina*, et pour communiquer plus vivement à tous les sénateurs les sentimens dont il était lui-même pénétré.

Le mont Palatin, où certains rois et empereurs établirent jadis leur séjour, a donné naissance parmi nous au mot *palais*, pour désigner de grands édifices consacrés aux rois ou aux princes.

2 *

O temps ? ô mœurs ! Cette exclamation , par laquelle
notre orateur témoigne ses regrets pour les beaux temps
de la république romaine , a été très souvent employée
par les écrivains modernes , quand ils ont voulu peindre
des désordres extrêmes ou des vices devenus les fléaux
de l'espèce humaine.

3. Les expressions de *Cicéron* , en parlant de la mort
de *Tibérius Gracchus* , sont bien remarquables ; il les
ménage avec soin, comme n'approuvant qu'à peine les
violences de *Scipion Nasica*, faisant mourir un grand
homme pour de trop légères causes. Son sujet l'avait
entraîné à se servir de cet exemple; mais il en montre
ses regrets.

4. Voici encore un exemple de ce que nous venons
d'observer. *Cicéron* , malgré les transports dont il est
agité , semble jeter quelques fleurs sur le tombeau de
Caïus Gracchus, frère de *Tibérius*. Il est mis à mort sur
quelques soupçons , et sans qu'on ait égard à sa gloire
et à celle de ses ancêtres : *Interfectus est propter quasdam
seditionum suspiciones Caïus Gracchus , clarissimo patre ,
avo , majoribus.*

Opimius n'aurait pas peut-être porté si loin sa fureur,
si le décret extraordinaire du sénat ne lui eût donné
une autorité sans bornes. On sait que cette formule :
Videant consules ne quid respublica detrimenti capiat, n'était
pas plutôt prononcée authentiquement, qu'elle donnait
aux consuls la liberté de tout entreprendre.

5. L'armée dont *Cicéron* parle , était celle que commandait *Mallius* dans l'Etrurie , et qui s'était formée
par les soins de *Catilina*. L'on pense bien qu'il avait
choisi , pour cet objet , ce qu'il y avait de plus pervers
à Rome et dans l'Italie , parmi la jeunesse. A ce noyau,

se réunirent encore les vieux soldats de *Sylla*, accou-
tumés dès leur enfance aux meurtres, au pillage et à
toutes les fureurs des proscriptions.

.. 6. Le douzième jour des calendes de novembre répondait au 20 octobre; le sixième, au 26, et le cinquième, au 27.

Quelques jeunes gens ne seront pas fâchés peut-être
de trouver ici une petite explication de la division des
mois par les Romains. Ces légères notions les mettront
à même de s'instruire plus profondément de cette
matière dans d'autres ouvrages.

Les Romains divisaient leurs mois en *calendes*, *nones*
et *ides*.

Les *calendes* étaient ainsi appelées, d'un mot grec
qui signifie convoquer, parce que ce jour là on assem-
blait le peuple au capitole et on lui déclarait combien
il fallait compter de jours jusqu'aux *nones*.

Les *nones* prenaient leur nom de *novem*, parce que
de ce jour-là aux ides, il y avait neuf jours. D'autres
dérivent ce mot de *novæ*, comme pour dire *nova*,
res, *novæ observationes*, par ce qu'au jour des nones, les
gens de la campagne se rendaient en grand nombre à
la ville, pour y apprendre quel était l'ordre des fêtes
et quelles cérémonies on devait observer dans le cours
du mois.

Les *ides* tiraient leur dénomination du mot Toscan
iduere, diviser, parce qu'elles divisaient les mois en
deux parties à peu près égales.

Voici maintenant comme tout cela se combinait :
Les mois de *mars*, mai, juillet et octobre avaient six
jours, après le premier, qui appartenaient aux nones ;
les autres mois n'avaient que les quatre jours suivans

qui appartinssent aux nones. Les huit jours qui venaient
après elles regardaient les ides. On comptait, après
cela, les jours par les calendes du mois suivant.

Ces différences sont exprimées par ces deux vers
techniques :

Sex maius nonas, october, iulius et mars ;
Quatuor at reliqui : Dabit idus quilibet octo.

Dans les quatre mois spécifiés dans ces vers, il y avait
six jours pour les nones, après le jour des calendes ;
le septième jour était proprement celui des nones. Alors
les ides tombaient le 15. Les mois qui n'avaient que
quatre jours après les calendes, avaient leurs *nones* le
5, et leurs *ides* le 13.

Le jour précis des calendes, des nones et des ides
se marquait par l'ablatif *calendis, nonis, idibus, martis,
aprilis,* etc.

Mais les autres jours se comptaient par deux cas et
deux nombres différens ; *quarto kalendas, tertio nonas,
sexto idus,* etc. ; c'est-à-dire, *in quarto die ante calendas,
in tertio ante nonas,* etc. Ainsi, l'on comptait les jours
en prenant le dernier terme jusqu'au premier.

Voilà pourquoi l'on ne disait jamais *primo, secundo
nonas, calendas, idus,* parce qu'il s'agissait de marquer
les jours précédens et non les suivans. L'on se servait
de *pridie, postridie,* etc ; *pridie nonas,* ou *nonarum,
postridie calendas,* ou *calendarum,* sous-entendant *ante*
ou *post* devant l'accusatif, et *die* devant le génitif ; cet
ablatif est même exprimé, comme l'on voit, dans *pridie*
et *postridie.*

7. *Calendis ipsis novembris,* le premier jour de novembre.

8. *Lecca* était sénateur et complice de la conjuration.
Interfalcarios, ce mot, selon *d'Olivet,* désigne un quar-

tier de Rome ; on peut l'entendre aussi d'une espèce
d'arme dont étaient munis pour lors ceux qui accompagnaient *Catilina.* Ce dernier sentiment me paraît le
plus probable.

9. Superbe mouvement d'éloquence d'un citoyen qui
chérit son pays, et qui s'indigne que parmi les sénateurs
il puisse s'en trouver qui trahissent leurs devoirs, au
point de méditer avec un scélérat la ruine de leur
patrie.

10 et 11. Les élèves remarqueront la force et l'élé-
gance de ces deux morceaux avec les traits de finesse
qui les caractérisent.

12. *Cicéron* presse *Catilina* de hâter son départ, et le
fait avec une énergie et un choix de termes pleins de
justesse et de goût.

13. Le sentiment religieux et la reconnaissance que
montre *Cicéron* pour les dieux conservateurs de Rome,
fait ici le plus bel effet, et contraste admirablement
avec la peinture qu'il nous offre des suites de l'impiété
furibonde de *Catilina.*

14 *Cicéron* pouvait reconnaître, sans vanité, que
sa perte aurait entraîné les plus grands malheurs pour
la république. Son mortel ennemi le sentait bien, puisqu'il cherchait à tout prix à le faire périr. L'on est
fâché que des écrivains, d'ailleurs très-respectables,
aient accusé *Cicéron* d'aimer trop à se vanter. Ne peut-
on pas croire qu'on ne lui a pas rendu justice à cet
égard ? Il aimait la gloire, sans doute, mais il aimait
encore plus sa patrie et ses devoirs. Toute la suite de
sa vie publique en offre le témoignage ; et a-t-il jamais
mieux montré cet amour qu'il portait brûlant dans
son cœur, que dans tout ce qu'il a fait pour faire

avorter les sinistres projets de *Catilina*, qu'il dévoile avec tant d'art et d'éloquence dans ce premier discours.

15. Ici l'orateur expose les raisons qui l'empêchent de faire mourir *Catilina*. Dans les trois articles suivans, il lui retrace l'énormité de ses crimes ; tableau qui fait frémir d'horreur, mais qui montre la vigilance extrême du consul, pour ne pas tomber lui-même sous les coups de ce perfide assassin.

19 et 20. *Catilina* vient de subir les plus insignes affronts à son entrée dans le sénat ; on lui prouve que cela seul devrait l'engager à quitter promptement la ville, quand même la patrie ne lui en ferait pas la loi.

21. Cette patrie lui parle dans son silence même ; morceau qui renferme une prosopopée de la plus sublime éloquence.

22. Si l'autorité de la patrie ne peut réduire *Catilina* à prendre le parti de s'éloigner, il devrait au moins céder à l'indignation qu'il a causée à *Lépidus*, à *Cicéron* lui-même, et à *Métellus*, chez lesquels il a voulu se réfugier sous divers prétextes. Il ne fallait rien moins pour le recevoir qu'un certain *Marcus Marcellus*, homme bien digne de lui, et dont une fine ironie indique le déshonneur.

23. On presse *Catilina* de se rendre en exil, ne fût-ce que pour délivrer la république de ses principales craintes. On lui fait sentir que le silence de ceux qui l'entourent vaut un langage des plus expressifs pour le contraindre à cette démarche.

24. Il s'agit ici d'un autre *Marcellus* que celui dont on vient de parler dans l'article précédent. Ce fut celui que *César* rappela de l'exil à la prière du sénat, et pour lequel *Cicéron* prononça son oraison *Pro Marcello*, où

il relève avec tant de noblesse la clémence du vainqueur
de *Pompée*. Ce morceau présente encore, vers la fin, des
traits frappans de l'indignation des Romains contre
Catilina, et des justes égards qu'ils avaient cependant
pour l'autorité et les ordres du consul.

25. *Cicéron* montre ici un sentiment qui devrait être
dans l'âme de tous les hommes, celui de préférer les
intérêts publics aux particuliers, et de ne pas craindre
de s'exposer aux dangers pour servir la patrie.

26. *Cicéron* expose à quels traits de l'envie il va être
en butte, si *Catilina* s'exile d'après ses conseils ; mais
il fait entendre que le scélérat est plutôt disposé à se
rendre auprès de *Mallius*, le chef de ses complices, et
qu'alors il servira plutôt la gloire du consul, en ne
cachant à personne le brigandage impie dont il va faire
parade à la tête de l'armée scélérate qui a osé prendre
son parti.

27. On sait que l'aigle était l'enseigne des légions
romaines : mais ce que l'on apprend avec surprise,
c'est que *Catilina* en eut une figurée en argent, et à
laquelle il avait dressé des autels dans sa maison. Il
l'avait envoyée d'avance au camp où il devait se rendre,
et *Cicéron* profite de cette circonstance pour hâter le
départ du conspirateur.

28 et 29. Nouveau tableau des forfaits de *Catilina*,
présentés avec une énergie foudroyante. Cela prépare
à l'article suivant, où *Cicéron* semble s'accuser lui-
même par la voix de la république. Il se fait adresser
par elle les reproches les plus touchans. C'est là qu'il
retrace si éloquemment la reconnaissance qu'il doit au
peuple romain qui l'a élevé à tous les grades, qui l'a
comblé d'honneurs, et qui lui demande en récompense

de ne penser qu'à sa conservation. Ce morceau , entr'autres , est digne d'être médité par les élèves , d'être
même appris par cœur , tant il est susceptible de belles
applications.

30. *Cicéron* appelle saintes ou très-pures les plaintes
de la république : il lui répond d'un ton modeste , et
s'excuse de n'avoir pas mis à mort *Catilina* , comme
elle paraît l'exiger. Mais lui ne voit que l'avantage de
cette république , et cet avantage suprême commande
d'expulser *Catilina* , plutôt que de le faire mourir , vérité
qu'il développe encore à la suite de ce discours. A
peine puis-je m'empêcher de faire remarquer aux élèves
la sentence qui termine ce morceau :

Invidia virtute parta , gloria est , non invidia.
Heureux celui qui aime sa patrie comme *Cicéron* , et qui
en tire son plus beau sujet de gloire , malgré toutes
les fureurs de la haine ou de l'envie.

31. Que l'on juge de l'impression profonde que devait
faire ce discours parmi les sénateurs , en voyant que
certains d'entre eux étaient accusés , les uns d'aveugle-
ment volontaire , les autres de dissimulation perfide ou
de coupable faiblesse. Tous ces gens auraient accusé
Cicéron de violence et de tyrannie , s'il avait fait mourir
Catilina. Nouvelle raison pour engager le scélérat à
quitter *Rome* , et à se rendre à son camp avec ses
complices.

32. *Cicéron* marque ici sa surprise que tant de crimes
aient , en quelque sorte , fait leur explosion dans le temps
de son consulat ; mais il faut se garder d'entretenir
dans les entrailles de la république , le foyer du brigandage par de fausses mesures ; ainsi le vrai médecin ,
au lieu de donner des remèdes qui ne soulagent que

pour le moment, s'applique à connaître la nature du mal pour le mieux extirper dans sa source et ses effets.

33. Péroraison parfaitement digne du discours, et remplie de vivacité et de noblesse. L'orateur y montre tous les ordres de l'État, animés du meilleur esprit pour le seconder et pour étouffer l'hydre de la conjuration.

34. Il achève de terrasser *Catilina*, de le confondre par sa véhémence. Il montre le salut de Rome attaché à son départ, à sa ruine et à celle de ses exécrables complices. Enfin, par un retour sublime à la divinité qui préside aux destins de l'empire, il la conjure de détourner de ses temples, des monumens de la ville et de la tête de tous les bons citoyens, la fureur des parricides, des ennemis de la patrie, des brigands effrénés, dignes de tous les supplices.

DEUXIÈME HARANGUE

CONTRE

CATILINA.

~~~~~~~~~~~

EXPOSITION DU SUJET.

La terreur dont Catilina se sentit frappé, au premier discours de Cicéron, le força de quitter la ville de Rome au milieu de la nuit, en emmenant environ trois cents conjurés. Le lendemain, Cicéron convoque le sénat, et, dans le temps qu'il s'assemble, lui, du haut des rostres, entretient le peuple sur les affaires de Catilina. Il témoigne sa satisfaction d'avoir réduit ce scélérat à prendre la fuite, et fait voir que, dès ce moment, il n'est plus à craindre. Cependant il ne disconvient pas que les conjurés qui restent au sein de la ville ne soient encore à redouter; il en prend occasion de leur adresser la parole, de leur annoncer qu'il sera inexorable à leur égard, s'ils persistent dans leurs projets et leurs manœuvres; mais qu'il usera d'indulgence, autant que possible, s'ils reconnaissent leurs crimes et s'ils s'en corrigent. Il démontre ensuite la supériorité des forces de la république sur les troupes et les ressources que peuvent avoir les chefs, les complices, les partisans de la conjuration. Il finit par exhorter le peuple à se prémunir contre les surprises, au sein de ses foyers, et il s'engage de son côté à ne rien négliger pour le salut de la république.

———

I. 1. Nous voilà, Romains, parvenus enfin à ce jour où, au milieu des fureurs de *Catilina*, des excès de son audace, des crimes qu'il respire, des trames scélérates qu'il prépare contre sa patrie, de la flamme et du fer dont il menace et votre ville et vos têtes ; nous l'avons chassé de nos remparts, ou fait évader, ou poursuivi de nos adieux jusqu'aux portes ; on l'a vu s'en aller, partir, s'échapper, s'élancer de son repaire. Aucun désastre, aucun fléau ne sera plus préparé dans nos murs contre ces murs mêmes par ce monstre, par ce prodige de férocité. Cet homme devenu l'unique chef de nos guerres domestiques, nous l'avons vaincu sans débat manifeste. Il n'agitera plus contre nos flancs ce fameux poignard qu'il avait sans cesse dans les mains ; nous n'aurons plus à le craindre ni au *forum*, ni au palais, ni au sein de nos demeures ; nous avons débusqué notre homme de son poste, quand nous l'avons repoussé de la ville. Désormais nous ferons avec notre ennemi une juste guerre, sans que personne nous en empêche. Il n'y a point de doute que nous n'ayons ruiné cet homme, que nous ne l'ayons complètement vaincu, du moment que nous l'avons relancé hors de ses embûches secrètes et poussé ouvertement au milieu de son brigandage.

2. Mais lorsqu'il emporte son glaive sans l'avoir rougi de notre sang, comme c'était son projet; lorsqu'il sort, en nous laissant la vie; lorsque nous avons arraché de ses mains un fer meurtrier; lorsqu'il laisse les citoyens sans les égorger, et la ville sans la détruire, croyez-vous qu'il n'en ressente pas une profonde douleur, qu'il n'en soit pas comme anéanti ? Il est maintenant abattu, rampant à nos pieds ; il se sent frappé au cœur et dénué de tout espoir ; il tourne souvent ses farouches regards vers cette ville arrachée à sa gueule dévorante; il gémit que cette proie lui échappe : voilà sans doute la cause qui me paraît aujourd'hui donner à Rome une face différente; elle s'applaudit d'avoir pu rejeter de son sein une si cruelle peste et de l'avoir lancée loin de son enceinte.

II. 3. *Confirmation.* Mais si, pensant comme tous auraient dû le faire, quelques Romains, par excès de zèle, me blâment précisément de ce dont je me fais dans ce discours un sujet de joie et de triomphe, savoir de ce que je n'ai point fait saisir un ennemi si capital et de ce que j'ai plutôt favorisé son évasion, je dois lui répondre qu'il n'y a point de ma faute : non, Romains, je vous l'assure, c'est plutôt la faute des circonstances. Il y a long-temps, je le sais, qu'il aurait fallu donner la mort à *Catilina* et lui faire même

subir le plus cruel des supplices. C'était un acte
de rigueur qu'exigeaient de moi, et les usages
de nos ancêtres, et la sévérité de l'emploi que
j'exerce, et les vrais intérêts de la république.
Mais, citoyens, songez-vous au grand nombre
de personnes qui n'ajoutaient nulle foi à mes
rapports? au grand nombre d'autres qui, par
légéreté, n'y comptaient pas? au grand nombre de
ceux qui étaient prêts même à défendre *Catilina*?
enfin, au grand nombre de ces hommes pervers
qui le favorisaient d'après leur propre scélératesse? Soyez persuadés que si, en faisant disparaître du monde ce malheureux, j'avais pu croire
que j'éloignais de vous tous les dangers, il y a
déjà long-temps que *Catilina* n'existerait plus ;
j'y aurais pourvu, je ne dis pas seulement au
risque de la haine publique, mais encore au
risque de ma propre vie : mais voyant que vous-
mêmes vous n'étiez pas tous alors parfaitement
éclairés sur cette affaire, et que si je venais à
punir d'une juste mort *Catilina*, j'avais à craindre
d'être victime de la haine, sans pouvoir poursuivre ses complices, j'ai amené prudemment
les choses au point de vous rendre capables de
combattre ouvertement l'ennemi, en vous le
faisant connaître d'une manière évidente.

4. Et cet ennemi, tel qu'il est, croyez-vous,
Romains, que je le regarde comme extrêmement
à craindre, maintenant qu'il est dehors? Vous
pouvez en juger par ce que j'ose vous dire, c'est
que ma plus grande peine en cela est qu'il soit

sorti de la ville avec si peu de monde. Plût à
Dieu qu'il eût entraîné sur ses traces tous ceux
qui sont à ses ordres! Mais de qui m'a-t-il
délivré? d'un *Tongillus*, qui, n'étant encore
qu'en robe prétexte, s'était déjà prostitué à lui;
d'un *Publicius*, d'un *Munatius*, gens ruinés dans
les tavernes, mais dont les dettes ne sauraient
causer aucun trouble dans la république. Combien ne sont-ils pas plus redoutables les hommes
qu'il a laissés! de quelles dettes énormes ne sont-
ils pas obérés! Quelle n'est pas leur puissance!
De quels noms imposans ne sont-ils pas décorés!

III. 5. Ainsi, lorsque je mets en parallèle cette
armée de *Catilina* avec nos légions gauloises,
avec cette élite de soldats, rassemblés par *Métellus* dans la Cisalpine, avec ces troupes que
nous formons nous-mêmes chaque jour, je ne
puis qu'avoir un souverain mépris pour des gens
ramassés parmi des vieillards sans espoir, parmi
la grossière débauche, ou au milieu de ces rus-
tiques dissipateurs qui ont mieux aimé ne pas
comparaître devant les tribunaux que d'aban-
donner l'armée qui leur sert de refuge. Si je
venais à présenter à tous ces misérables, je ne
dis pas seulement le front de notre armée, mais
même le seul édit du préteur, vous les verriez
tous disparaître. Ce sont ces beaux Romains que
j'aperçois voltigeant dans le *forum*, qui viennent
se pavaner auprès de la cour, qui osent même
paraître au sénat, qui brillent couverts de parfums ou tout éclatans de pourpre, ce sont ceux-

là que je voudrais savoir auprès du conspirateur;
plût au ciel qu'il les eût emmenés avec lui,
comme ses fidèles soldats! tant qu'ils resteront
parmi nous, souvenez-vous, Romains, que ce
n'est pas tant cette armée qu'il faut craindre,
mais plutôt ces hommes qui ont abandonné une
pareille armée.

6. Ils me paraissent d'autant plus formidables
qu'ils sentent bien que je suis instruit de ce qu'ils
pensent, et que cependant ils n'en prennent point
ombrage. Je vois celui à qui l'on a donné l'Apulie;
celui qui garde la Toscane; celui qui dispose du
territoire de la Gaule; enfin celui qui, dans la
ville, s'est chargé de nous tendre des embûches
et de répandre parmi nous le carnage et les
flammes. Tous ces projets, formés l'avant-dernière nuit, sont parvenus à mon oreille; ils le
savent bien, puisque j'en fis hier l'exposition en
plein sénat. *Catilina* lui-même en fut saisi de
crainte et s'enfuit loin de nous. Qu'attendent
donc ici ses complices? Ils se trompent vraiment
et beaucoup, s'ils pensent que ma première indulgence subsistera toujours dans l'avenir et aura
pour eux les mêmes effets.

IV. 7. Ce que j'attendais, je l'ai déjà obtenu,
c'est de vous convaincre tous qu'il existe une
conjuration manifeste contre la république; car
je ne puis croire que personne s'avise de s'imaginer que des gens qui marchent sur les traces
de *Catilina* ne se proposent point le but de
Catilina. Les ménagemens de l'indulgence ne

sont plus de saison; il faut que la sévérité prenne
sa place; les circonstances l'exigent; le seul égard
que je peux avoir maintenant pour les conspirateurs, c'est de leur permettre de sortir; qu'ils
partent; qu'ils ne souffrent pas que leur absence
fasse languir plus long-temps dans les regrets le
malheureux *Catilina*. Je vais leur montrer le
chemin qu'il a suivi : il est parti par la voie
Aurelia : pour peu qu'ils veuillent presser leur
marche, ils peuvent ce soir même l'atteindre.

8. Oh! quel bonheur pour la république, si
elle parvient à rejeter hors de son sein cet égout
immonde qui infecte la ville! Voyez seulement
ce qu'elle a gagné en se débarrassant de *Catilina* :
jamais en vérité cette république ne m'a paru
mieux soulagée, mieux refaite que par une telle
expulsion. L'on en sera convaincu si l'on pense
qu'il est impossible d'imaginer, de rêver un
crime dont ce scélérat n'ait conçu le projet.
Dites-moi s'il y a dans toute l'Italie un empoi-
sonneur, un gladiateur, un brigand, un sicaire,
un parricide, un fabricateur de testamens, un
fourbe, un prostitué, un dissipateur, un adul-
tère, une femme perdue, un corrupteur, un
corrompu; un scélérat enfin des plus pervers
qui ne convienne avoir vécu dans la plus étroite
union avec *Catilina*? Quel est le meurtre qui
a été fait sans lui dans ces dernières années?
Quelle est l'infâme débauche dont il n'ait été le
principal auteur.

9. Mais encore a-t-on trouvé jamais dans aucun

homme autant de moyens de séduction pour perdre la jeunesse? Quels indignes attachemens n'a-
t-il pas montré lui-même pour plusieurs? à combien d'autres n'a-t-il pas prêté son secours dans
les plus honteuses infamies? A ceux-là il pro-
mettait le fruit de leur licence; à ceux-ci la
mort de leurs parens; et peu content de les
pousser à ces forfaits, il avait encore l'audace
de les seconder de son bras. Mais ne l'avez-
vous pas vu, dans ces derniers temps, rassembler
avec promptitude, soit de la ville, soit de la
campagne, une foule d'hommes pervers? Vous
ne trouverez pas dans Rome, pas même dans
le moindre petit coin de l'Italie, un homme chargé
de dettes qu'il n'ait entraîné dans cette conjuration qu'on peut à peine croire et qui est l'œuvre
du crime même.

V. 10. Je crois devoir vous faire connaître
maintenant la diversité surprenante qui règne
dans les goûts de *Catilina* sur des objets même
qui sont d'une nature bien différente. Il suffit
pour cela d'observer que, dans l'école des gladiateurs, vous n'en trouverez pas un seul, pour
si peu qu'il ait l'audace du crime, qui ne convienne avoir vécu dans une intime familiarité
avec *Catilina*; d'un autre côté, si nous jetons
les yeux sur les personnages du théâtre, nous
trouverons que les plus frivoles d'entr'eux et les
plus pervers ne cessent de se vanter qu'ils ont
été habituellement ses compagnons de table; et
cependant admirez comme ce même homme,

3

tout accoutumé qu'il est aux débauches les plus
honteuses, aux crimes les plus noirs, n'hésite
pas d'affronter tous les jours les rigueurs des
hivers, les souffrances de la faim, les ardeurs
de la soif, la dureté des veilles! Tous ces gens
qui partagent ses désordres vantent son courage
comme un phénomène extraordinaire. Il doit en
effet paraître étrange que ces mêmes qualités
que la nature lui avait données pour être les
appuis de son industrie et les instrumens de sa
valeur, il les fasse servir à fomenter sa licence
et à nourrir son audace.

11. Oh! si ses partisans suivaient ses traces;
si du sein de la ville sortaient avec lui toutes
ces troupes de bandits qui n'ont pas le moindre
espoir, que nous serions heureux! que la république serait fortunée! que mon consulat en ob-
tiendrait de gloire! Ne voyez-vous pas en effet
que les licences où se portent ces hommes n'ont
déjà plus de mesures? Leur audace effrénée n'est
plus supportable; ils ne pensent, ils ne rêvent
que meurtres, qu'incendies, que rapines; ils
ont dissipé leurs patrimoines, absorbé leurs for-
tunes dans la bonne chère. C'est au point que
depuis long-temps il ne leur reste aucun bien, et
depuis peu aucune espèce de crédit. Cependant
toutes les passions qu'ils avaient dans l'abon-
dance, ils les conservent encore dans la misère.
Si toutefois ils se bornaient à se rassasier de vin
et de jeux, à chercher des repas dissolus et des
femmes publiques, il faudrait bien sans doute

désespérer de leur état, mais avec cela le supporter tel qu'il est : mais qui peut souffrir à présent que les plus lâches des hommes soient toujours à tendre des piéges aux plus vaillans citoyens, les plus insensés aux plus prudens, les plus crapuleux aux plus sobres, les plus oisifs aux plus vigilans ? Qu'offrent-ils à mes yeux que des gens étendus languissamment dans leurs repas, embrassant des femmes impudiques, se gorgeant de vin, s'accablant d'alimens, se couronnant de guirlandes, se couvrant de parfums, s'enivrant d'incontinence et vomissant mille imprécations contre les gens de bien qu'ils menacent de la mort, et contre la ville qu'ils veulent détruire par les flammes.

12. J'aime à me persuader qu'il est un sort fatal prêt à tomber sur leurs têtes , et que les supplices que méritent depuis si long-temps leurs méchancetés , leurs dissolutions, leurs forfaits, leurs débauches, ou les menacent de fort près, ou du moins ne sont pas loin de les atteindre. Si mon consulat, réduit à ne pouvoir guérir ces gens-là, parvient à les retrancher de la société , il en résultera pour la république une prolongation , je ne dis pas d'un temps considérable, mais de plusieurs siècles d'existence. Est-il en effet aucune nation que nous ayons à craindre ? est-il aucun roi qui soit capable de soutenir la guerre contre le peuple romain ? Tout au dehors , grâce à la valeur d'un de nos chefs, tout est tranquille, et sur la terre et sur la mer. Mais nous avons une guerre domestique ;

c'est au dedans que sont les piéges de toute espèce ;
c'est au dedans que se trouve renfermé le péril ;
nous avons ici à combattre sans cesse avec la
corruption, avec la folie, avec la scélératesse.
Voilà, Romains, une guerre dont je me déclare
ouvertement le chef. J'affronterai seul la haine
des hommes pervers. Tout ce qui sera susceptible de recevoir une solide guérison, j'y porterai
une main secourable ; je le guérirai. Mais tous
les membres gangrenés qu'il faudra retrancher
de l'Etat, je ne souffrirai pas qu'ils restent dans
son sein pour y porter le ravage et la mort. Enfin
je dois dire à tous ces misérables qu'ils n'ont qu'à
sortir, ou à se tenir tranquilles ; car, s'ils veulent
rester dans la ville et y persévérer dans les mêmes
sentimens, ils ne doivent s'attendre qu'à recevoir
les châtimens qu'ils méritent.

V. 13. Mais, d'un autre côté, Romains, vous
devez savoir qu'il y a des hommes qui prétendent
que c'est moi qui ai prononcé contre *Catilina*
la peine de l'exil : cette assertion est si gratuite
que si je pouvais d'un mot punir cette calomnie,
je bannirais ceux-là même qui tiennent un pareil
langage. Parler ainsi, en effet, c'est dire que
j'ai eu à traiter avec l'homme le plus timide du
monde, l'homme modeste par excellence, lequel
n'a pu supporter la voix du consul : vous diriez
qu'aussitôt qu'on lui a donné l'ordre d'aller en
exil, il s'est empressé d'obéir ; il n'a pas résisté
le moins du monde.

Voici réellement comme hier tout se passa.

Après avoir été sur le point d'être assassiné dans
ma maison, je convoquai le sénat dans le temple
de *Jupiter stateur*, et j'exposai, aux yeux des
Pères Conscrits, tout le détail de la conspiration
Pendant ce temps-là, *Catilina* vint à paraître :
eh bien, croyez-vous que parmi les sénateurs il
y en ait eu un seul qui l'ait appelé par son nom ?
un seul qui l'ait salué ? un seul enfin qui ne l'ait
pas regardé, je ne dis pas comme un citoyen
pervers, mais plutôt comme un ennemi des plus
odieux ? Les principaux même de cet ordre
auguste allèrent plus loin ; car ils reculèrent à
l'approche de *Catilina*, et laissèrent à nu toute
cette partie des siéges qui se trouvaient près de
lui.

14. Ce fut dans cette circonstance que moi, ce
consul que l'on taxe d'être si violent, ce consul
qui d'un mot envoie les citoyens en exil, je
demandai spécialement à *Catilina* s'il n'était pas
vrai qu'il eût tenu pendant la nuit une assemblée
chez *Lecca ?* Comme, malgré son extrême audace,
il ne répondait rien à cette question, je profitai
de sa conviction intérieure et de son silence,
pour lui dévoiler tout le reste de sa conjuration ;
j'exposai à ses yeux ce qu'il avait fait pendant
cette nuit fameuse ; quels étaient les lieux où il
s'était rendu ; de quels projets il s'était nourri
pour la nuit prochaine ; sur quelles mesures il
avait disposé l'arrangement de toute cette guerre:
le voyant hésiter et demeurer interdit, je lui
demandai encore quelles étaient les raisons qui

pouvaient le faire balancer sur son départ, vu
sur-tout qu'il s'y était préparé depuis long-temps,
et que ses armes, ses haches, ses faisceaux, ses
trompettes, ses drapeaux militaires étaient déjà
partis par ses ordres, sans que j'en pusse douter,
sans qu'il me fût permis même d'ignorer qu'il avait
envoyé d'avance son aigle d'argent, à laquelle il
avait déjà consacré dans sa maison un asile particulier, l'asile des crimes. Voilà donc comme je
forçais à l'exil un citoyen que je voyais sur le point
de nous déclarer la guerre. Croirai-je maintenant
que le centurion *Mallius*, dont le camp est placé
dans le territoire de Fesules, soit le seul qui, en
son propre nom, a déclaré la guerre, ou croirai-
je que *Catilina* n'est point attendu dans ce moment
comme chef du camp dont il est question? Vous
allez voir vraiment qu'à la suite de cet exil il va se
rendre à Marseille et non dans son camp; c'est du
moins là le beau raisonnement de ses complices.

VII. 15. O déplorable condition de ceux qui
n'ont pas seulement à gouverner, mais encore à
conserver la république! Je suppose que *Catilina*
soit tout à coup saisi de crainte, à présent que
mes conseils, mes travaux et mes dangereux
efforts sont parvenus à l'envelopper et à l'affai-
blir: du moment qu'il aura changé d'avis, abandonné ses complices, renoncé à ses projets de
guerre, quitté la route du crime et des combats
pour prendre celle de la fuite et de l'exil, l'on
ne dira pas que c'est moi qui l'ai dépouillé de
ses armes et de son audace, que c'est moi qui

l'ai confondu et glacé d'épouvante; non, l'on ne
dira point que tout cela est dû à ma vigilance,
et que j'ai su renverser ses espérances et ses
manœuvres; mais on dira que, sans être jugé,
sans être coupable, il a été livré à l'exil par le
consul, et est devenu la victime de ses violences
et de ses menaces : il y en a même qui soutiendront que *Catilina* n'est pas un mauvais citoyen,
mais qu'il est malheureux, et que moi je ne suis
pas un consul vigilant, mais que je suis le plus
cruel des tyrans.

16. Je me trouve heureux, Romains, d'avoir
à braver les tempêtes d'une haine aussi perfide
qu'injuste, si je parviens à éloigner de vous tous
les dangers d'une guerre dont la nature criminelle n'inspire que de l'horreur. Que l'on dise,
j'y consens, que j'ai chassé *Catilina*, pourvu
qu'il aille réellement en exil : mais, croyez-m'en,
ce n'est pas là du tout son projet. Pour moi,
Romains, je ne demanderai jamais aux dieux
immortels que, pour me délivrer de la haine,
vous soyez réduits à savoir que *Catilina* conduit
des bataillons ennemis et voltige au milieu des
armes destinées contre vous. Voilà cependant
ce que, dans trois jours, vous allez apprendre.
Sous ce rapport-là, je crains qu'un jour on ne
me fasse un crime de l'avoir laissé partir plutôt
que de l'avoir banni. Mais enfin, puisqu'il y a
certains hommes qui ont dit à son départ que
je l'avais chassé, que ne diraient-ils pas si j'avais
prononcé son arrêt de mort?

17. Convenons néanmoins que ceux qui, à tout bout de champ, répètent que *Catilina* se rend à Marseille, ont bien moins de raison de s'en plaindre que de le craindre. Aucun d'eux ne porte la bonté de cœur jusqu'à préférer qu'il aille chez les Marseillais plutôt que chez *Mallius*. Quant à lui personnellement, je puis attester que lors même qu'il n'eût jamais songé à ce qu'il fait à présent, il n'en est pas moins vrai que le désir de mourir en brigand l'emporterait en lui de beaucoup sur l'envie d'aller passer dans l'exil le reste de ses jours. Mais au fond, puisque rien ne lui est arrivé encore que conformément à sa volonté et à ses projets, hors le seul point de nous laisser en vie en partant de Rome, s'il lui plaît d'aller en exil, gardons-nous de nous en plaindre, et faisons-en plutôt l'objet de nos vœux.

VIII. 18. Pourquoi néanmoins sommes-nous si long-temps à parler d'un seul ennemi, ennemi qui se vante déjà de s'être déclaré contre nous, et que je ne crains pas, depuis qu'à ma grande satisfaction un vaste mur nous sépare? Mais les ennemis qui se cachent, qui restent à Rome, qui à chaque instant sont avec nous, faut-il n'en rien dire? Il est vrai qu'à leur égard je voudrais bien, si toutefois je puis me flatter de cette espérance, je voudrais employer les moyens, non de les punir, mais de les guérir; je m'applique à cela de tout mon pouvoir; je n'aspire qu'à les réconcilier avec la république; et pourquoi ce vœu ne pourrait-il se réaliser? ils n'ont qu'à vouloir bien m'entendre ; je sens que je ne peux réussir qu'à ce prix : pour vous en convaincre, Romains, je vais exposer à vos yeux de quelles espèces d'hommes se composent les troupes dont nous parlons ; ensuite, si ma prudence, si mes discours peuvent offrir à chacune d'elles un remède salutaire, je le leur présenterai de bon cœur.

19. Le premier rang est dans le genre de ceux qui ont de fort grandes dettes, mais qui ont aussi des possessions plus grandes encore. Seulement ils conservent pour leurs biens un trop vif attachement, et voilà ce qui les empêche de se libérer. Cela compose une espèce d'hommes qui, par leurs richesses, paraissent bien mériter les honneurs, dans le temps que, d'un autre côté, ils se livrent à un parti très-peu honnête et à des sentimens qui ne le sont guère davantage. Quoi ! vous êtes pourvu de grands biens, de grands édifices ; votre maison abonde en argent, en esclaves, en toute sorte de choses, et vous hésitez de retrancher quelques-unes de ces possessions pour remplir vos promesses ? Que pouvez-vous donc attendre ? les événemens de la guerre ? Mais, je vous le demande, quand tout sera livré au ravage, croyez-vous que vos possessions seront respectées ? Attendez-vous qu'il paraîtra de nouveaux registres ? Ils se trompent lourdement ceux qui en attendent de pareils de *Catilina*. Il en paraîtra de nouveaux, et on les devra à mes bienfaits ; mais ils seront destinés aux enchères : car ceux qui en sont l'objet ne peuvent se sauver

3 *

qu'en prenant ce parti. Plût à Dieu qu'ils se
fussent plutôt décidés à le prendre, sans vouloir,
par une extravagance insigne, mettre en opposition les fruits de leurs domaines avec les intérêts
de leurs dettes ; ils seraient devenus plus richés,
et nous aurions en eux de meilleurs citoyens.
Mais je ne pense pas que ces hommes soient du
tout à craindre, par la raison qu'ils sont suscep-
tibles de changer de sentiment, ou que, s'ils
s'avisent d'y persister, ils sont plus capables de
faire des vœux contre la république que de
prendre les armes pour la combattre.

IX. 20. L'autre genre se compose de ceux
qui, malgré les dettes dont ils sont accablés, se
flattent cependant d'une puissante domination.
Ils voudraient s'emparer de tous les pouvoirs;
et ces honneurs qu'ils désespèrent de pouvoir
obtenir dans la paix de la république, ils s'ima-
ginent qu'ils y parviendront à la faveur de ces
troubles. A ces gens-là je n'ai qu'un mot à dire,
le même que j'ai déclaré à tous les autres; c'est
de se bien persuader qu'ils n'obtiendront jamais
ce qu'ils prétendent. D'abord on ne doit pas
oublier que je suis le premier à veiller à tout,
que je soutiens ardemment la république et que
je pourvois à ce qu'elle attend de ma prévoyance.
Ensuite ces ambitieux doivent savoir que des
sentimens magnanimes enflamment les gens de
bien, qu'il règne parmi eux une grande concorde,
qu'ils sont en plus grand nombre qu'on ne pense,
et que de plus nous avons de fortes troupes de

soldats. Enfin, ils ne doivent pas non plus oublier
que les dieux immortels sont favorables à ce
peuple invincible, à ce florissant empire, à
cette ville, la première du monde; ils sauront
résister à la violence des forfaits que l'on médite,
et nous fournir le secours convenable. Mais
quand même ces indignes citoyens seraient déjà
parvenus à obtenir ce qu'ils desirent avec tant
de fureur, pensent-ils que, dans une ville en
cendres, dans le carnage des citoyens, ils seront
élevés au rang de consuls, de dictateurs, de rois
même, comme ils le projètent avec autant de
scélératesse que d'impiété? Sont-ils donc assez
aveugles pour ne pas voir qu'en obtenant même
ce qu'ils ambitionnent, ils seraient bientôt obligés
d'en faire part au premier fugitif ou au premier
gladiateur qui saurait en devenir le maître?

21. Dans le troisième genre nous devons
placer ceux qui ont déjà reçu quelque atteinte des
ans, mais que leurs travaux habituels ont cependant rendus robustes; de ce genre est *Mallius*
lui-même, à qui maintenant *Catilina* succède.
Ces sortes d'hommes sont tirés des colonies fon-
dées par *Sylla*. Je sais bien que d'abord elles
furent composées de bons citoyens, de braves
soldats; mais cependant ils devinrent des colons
qui, par des richesses promptes et inattendues,
se sont fièrement livrés à une somptuosité des
plus étonnantes. Ces gens-là, voulant marcher
sur les traces des grands, n'ont plus pensé qu'à
élever de magnifiques édifices, qu'à se procurer

de grands domaines, qu'à se faire traîner en litière, qu'à posséder de nombreux esclaves, qu'à se livrer aux repas les plus somptueux ; voilà comme ils sont tombés dans un tel abîme de dettes, qu'ils ne sauraient s'en dégager, à moins de rappeler *Sylla* des enfers. Il faut ajouter qu'ils ont séduit quelques campagnards, hommes simples et pauvres, en leur offrant l'espoir de leurs propres rapines anciennes. Tous ces gens-là, nous pouvons, Romains, les confondre ensemble, les mettre dans le genre des ravisseurs, des vrais pillards ; mais tels qu'ils soient, je les préviens que leur meilleur parti est de renoncer à leurs fureurs, de ne plus penser à leurs proscriptions, à leurs dictatures : car les temps où elles ont régné ont laissé dans le cœur des citoyens une si profonde douleur, que ce ne sont pas seulement les hommes, mais les animaux eux-mêmes, qui paraissent disposés à ne plus rien souffrir de semblable.

X. 22. Le quatrième genre est un fier mélange de gens sans aveu, pleins de turbulence, et depuis long-temps ruinés de fond en comble ; tellement qu'ils ne sortiront jamais de cet abîme. Soit inertie, soit mauvaises affaires, soit dépenses superflues, ils sont depuis long-temps rongés de dettes, sans qu'il leur reste la moindre ressource. Fatigués de citations, de condamnations, de confiscations de biens, ils ont quitté la ville et la campagne en fort grand nombre, et se sont réfugiés, à ce qu'on m'assure, dans le camp de *Mallius*. Pour moi, je

ne puis regarder ces gens-là comme des soldats
bien redoutables ; je ne vois en eux que de lâches
banqueroutiers. S'il est vrai que de pareils hommes
ne peuvent se soutenir, eh bien, qu'ils tombent.
Seulement nous devons desirer que leur chûte
ne se fasse sentir, je ne dis pas seulement à la
ville entière, mais pas même à leurs voisins : car
je ne comprends pas pourquoi ils veulent périr
honteusement, quand ils ne peuvent vivre hon-
nêtement. Pourquoi d'ailleurs s'imaginent-ils
qu'en périssant avec un grand nombre de personnes, ils auront à souffrir moins de douleurs,
que d'être tout seuls à perdre la vie ?

23. Reste enfin un cinquième genre, tout com-
posé de parricides, d'assassins, de toute sorte
de scélérats. Ceux-là sont parfaitement du ressort
de *Catilina ;* aussi je me garde de les en séparer ;
j'aurais beau faire d'ailleurs, ils ne peuvent se
disjoindre de sa personne. Eh bien, qu'ils périssent dans le même brigandage. Nous ne devrions
pas mieux demander, puisque leur nombre est
si prodigieux, qu'ils ne sauraient contenir dans
nos prisons. Cependant il faut convenir qu'il est
un dernier genre de conjurés qui ne sont pas
seulement distingués par leur nombre, mais
encore par leur espèce et la forme de leur vie.
Ceux-ci sont du choix particulier de *Catilina ;*
il les a comme nourris dans ses bras, dans son
sein. Vous les voyez avec une chevelure artiste-
ment rangée, tout brillans de parfums, sans
barbe ou du moins la barbe très-soignée, avec

des tuniques à manches et flottantes sur les talons, usant de voiles transparens plutôt que de toges, et mettant toute leur industrie, tout leur travail à passer leurs veilles dans des repas prolongés jusqu'au point du jour.

24. Dans ces belles troupes résident habituel-lement les joueurs, les adultères, les libertins, les impudiques de toute espèce. Là, vous voyez ces jeunes garçons qui sont si jolis, si délicats, et qui ne savent pas seulement aimer et se faire aimer, ou chanter seulement et danser, mais encore manier les poignards et répandre les poisons. Si ces gens-là ne sortent de Rome, s'ils ne périssent, sachez, Romains, que lors même que *Catilina* viendrait à périr, eux formeraient dans la république une pépinière de *nouveaux Catilinas*. Mais à quoi cependant ces malheureux peuvent-ils prétendre? Oseront-ils bien mener leurs femmelettes dans le camp? sinon, comment pourront-ils s'en passer, sur-tout dans les nuits où nous sommes? de quelle manière souffriront-ils les rigueurs de l'Apennin, ses frimats et ses neiges? à moins qu'ils ne pensent peut-être qu'ils sauront les supporter avec d'autant plus d'aisance qu'ils ont appris à danser tout nus au milieu de leurs festins. Oh! combien va devenir redoutable une guerre où *Catilina* aura tous ces prostitués pour cohorte prétorienne!

XI. 25. Hâtez-vous maintenant, Romains, de préparer contre ces brillantes troupes de *Catilina*, vos garnisons et vos armées. D'abord, opposez à ce gladiateur affaibli, estropié, opposez vos consuls et vos généraux. Ensuite, contre ce vil ramas, à peine échappé au naufrage, rejeté, affaibli de toutes parts, faites paraître ces troupes qui sont comme la fleur de toute l'Italie, et son plus ferme soutien. N'avez-vous pas aussi vos colonies, vos villes municipales? elles répondront bien, je pense, aux tertres sauvages où se retranche *Catilina*? Je ne parle point des autres troupes qui font votre gloire et votre plus sûre défense; je ne dois pas les comparer avec les faibles ressources, avec l'état pitoyable où se trouve le brigand que nous avons à combattre.

26. Mais si, laissant à part tous les avantages que nous possédons et qui lui manquent, le sénat, les chevaliers romains, le peuple, la ville, le trésor public, les revenus de l'État, l'Italie entière, les diverses provinces, les nations étrangères, si nous laissons, dis-je, ces grandes ressources, et qu'il nous plaise de comparer seulement les causes qui font agir les deux partis en sens contraires, ce tableau suffira seul pour montrer combien nos ennemis sont peu redoutables. De ce côté-ci, en effet, combat la modestie; de ce côté-là, l'insolence; ici, la pudeur; là, la débauche; ici, la bonne foi; là, l'infidélité, la fraude; ici, la piété; là, la scélératesse; ici, la constance; là, la fureur; ici, l'honnêteté; là, la turpitude; ici, la continence; là, le libertinage; c'est enfin l'équité, la tempérance, la force, la prudence, toutes les vertus qui combattent

avec l'iniquité, le luxe, l'indolence, la témérité,
tous les vices ; en un mot, ce sont les richesses
avec l'indigence, la saine raison avec le délire ;
la pure intelligence avec la folie ; et pour terminer, j'ajoute que c'est le bon espoir qui est
aux prises avec le vrai désespoir en toutes choses.
Si dans un tel choc, si dans de pareils combats,
les braves gens n'avaient point assez d'ardeur
et de zèle, je demande si les dieux eux-mêmes,
si les immortels, ne donneraient pas à de si
excellentes vertus la supériorité sur tant de vices
dignes d'horreur.

XII. 27. PÉRORAISON.

Dans l'état où sont les choses, Romains, vous
devez, selon mes précédentes exhortations, veiller
à la défense de vos toits, par des gardes de jour
et de nuit. Quant à moi, j'ai pourvu à la défense
de la ville, sans que cela puisse exciter des troubles parmi vous, et sans que mes précautions
aient fait naître aucun tumulte. Toutes vos colonies, toutes vos villes municipales sont prévenues
que, l'avant-dernière nuit, *Catilina* s'est échappé,
et qu'il leur est facile, en conséquence, de mettre
leurs villes et leurs frontières en sûreté. Quant
aux gladiateurs, que ce forcené regarde comme
sa troupe la plus forte et la plus fidèle, je vous
garantis que, malgré leur courage qui les met
au-dessus d'un certain nombre de patriciens
pervers, nous saurons les contenir par notre

puissance : j'ai prévu tout cela ; et *Quintus Me-téllus* ; que j'ai envoyé d'avance dans *le Picenum* et le territoire de la Gaule, ne manquera point d'accabler le rebelle, ou de rendre du moins inutiles tous ses mouvemens et ses efforts. Je sais qu'il y a d'autres mesures à prendre et dont il faut presser l'exécution ; mais nous allons en faire notre rapport au sénat, et vous voyez qu'il est convoqué pour cet objet.

28. Parlons maintenant des complices qui sont restés dans la ville et qui sont destinés par *Catilina* à bouleverser cette ville et à compromettre votre sûreté générale ; je conviens que ce sont là de vrais ennemis ; mais, comme ils ont le titre de citoyens par leur naissance, j'ai certains avis à leur donner, dont j'aime à leur retracer le souvenir. Si ma bonté a paru trop facile à certains Romains, c'est qu'elle avait son but ; il y avait beaucoup de choses cachées ; il fallait attendre le jour où elles devaient éclater. Pour tout le reste, il me suffit de dire une seule chose ; je ne saurais oublier que je travaille pour ma patrie, et que je suis le consul spécial du peuple romain ; c'est avec lui que je dois vivre ; c'est pour lui que je dois mourir.

Nul garde n'est aux portes, nul espion dans les chemins ; ceux qui veulent sortir sont les maîtres de le faire ; mais celui qui voudra causer quelque trouble dans la ville, et dont je pourrais surprendre, je ne dis pas seulement les actions, mais les moindres entreprises, les moindres efforts contre la patrie ; celui-là sentira qu'il y a dans cette ville des consuls vigilans, des magistrats vertueux, un sénat plein de courage ; il sentira que nous avons des armes, et même une prison destinée par nos ancêtres à être la vengeresse des crimes les plus connus et les plus exécrables.

XIII. 29. Et cependant tout cela se passera, Romains, de telle façon que les plus grands événemens auront lieu avec la moindre agitation possible ; que les plus grands dangers seront évités sans tumulte ; qu'une guerre intestine et domestique sera calmée, apaisée, sous ma conduite, sous mes ordres, sans que je quitte la robe pacifique, et malgré la violence de cette guerre, portée à un excès de fureur, tel que de mémoire d'homme on n'en vit jamais de semblable. En tout cela, Romains, je me conduirai de telle manière qu'il ne se trouve, s'il est possible, aucun coupable qui ait à souffrir, dans l'enceinte de cette ville, la peine de son crime. Mais, en supposant toutefois que l'audace se manifestât avec trop de violence, et qu'un pressant danger de la patrie me forçât à me départir nécessairement de la douceur que j'ai prise pour maxime, je viendrai du moins à bout d'obtenir un avantage qui paraît à peine pouvoir se desirer dans une guerre si atroce et si remplie d'embûches, c'est qu'il n'y ait pas un seul homme de bien qui périsse, et que le châtiment d'un petit nombre de pervers suffise à vous mettre tous à l'abri du danger.

30. Ces grands résultats que je vous promets, Romains, seront moins dus à ma prudence et aux conseils de la sagesse humaine, qu'à l'assistance des dieux immortels qui m'ont donné des témoignages nombreux et non équivoques de leur bienveillance: c'est en devenant mes guides qu'ils m'ont donné cette noble espérance et ces dignes sentimens; ils ne se bornent plus à nous défendre de loin, comme autrefois; ce n'est plus contre un ennemi extérieur et lointain qu'ils nous protègent; mais c'est dans ce lieu même qu'ils nous montrent leur puissance et leurs bienfaits; nous les voyons nous défendre dans leurs temples et dans l'enceinte de notre ville.

Vous devez donc, Romains, prier ces dieux suprêmes; vous devez les adorer, les implorer, afin que Rome, que leur volonté suprême a rendue la plus belle ville de l'univers et la plus florissante, parvienne encore, et sur mer et sur terre, à triompher de toutes les forces de nos ennemis, et à se délivrer à jamais, par leur protection, des crimes et des complots des citoyens les plus pervers.

NOTES ET ANALYSES
DE LA SECONDE CATILINAIRE.

QUESTION DU DISCOURS.

N'est-il pas utile à la république de n'avoir pas fait subir à *Catilina* la peine de mort? Voilà l'état de la question qui met ce discours dans le genre délibératif. *Cicéron* prouve avec son éloquence ordinaire combien il est avantageux que *Catilina* et ses complices soient hors de la ville.

De là *l'exorde* fondé sur la joie universelle que cause à tout le monde le départ de *Catilina*.

Suit la proposition qui roule sur cet avantage d'avoir soustrait *Catilina* à la peine capitale, et d'avoir forcé ses complices à sortir de la ville.

Les preuves de cette proposition se tirent de la crainte bien fondée qu'inspirait aux bons citoyens la présence de *Catilina* et de ses partisans, dans l'enceinte de Rome, puisqu'on savait qu'elles étaient leurs manœuvres, et de quels crimes ils étaient capables.

Ces preuves se confirment par les divers tableaux que l'orateur retrace de l'impudence, des débauches et des forfaits de tout genre que se permettaient les conjurés, de quelque espèce qu'ils fussent.

Quant aux ornemens, ils sont répandus par-tout avec la juste mesure qui leur convient, mais sur-tout dans ces derniers traits où l'on montre les faibles ressources de l'armée de *Catilina*, en opposition avec les forces et la puissance de la république.

La péroraison, pleine de feu, représente Rome et l'Italie entière dans l'attitude la plus imposante ; le consul, les magistrats, les sénateurs dans une vigilance continuelle, dans une fermeté inébranlable ; les dieux, enfin, soutenant la bonne cause de la patrie, et prêts à exaucer les vœux des vrais Romains, pour confondre les projets de la scélératesse.

Les premières paroles de ce bel exorde montrent l'impatience où était *Cicéron* avec tous les honnêtes gens de voir partir *Catilina*. Après avoir dépeint ses fureurs en traits rapides, l'orateur emploie trois expressions remarquables, *ejecimus*, *emisimus*, *verbis prosecuti sumus*; la première pour marquer l'effet des menaces consulaires; la seconde pour exprimer le dessein qu'avait déjà conçu *Catilina* de sortir volontairement; la troisième, pour représenter l'usage où l'on était à Rome, d'accompagner l'exilé jusqu'aux portes, et de lui adresser des paroles d'encouragement ou, si l'on veut, de consolation.

Les quatre synonymes qui suivent ont pour nuance: l'un, de marquer la décision volontaire du coupable; l'autre, son obligation de presser son départ; la suivante, de rendre le trouble qui l'agite, et la dernière, son empressement désordonné d'aller joindre *Mallius*. *Abiit*, *excessit*, *evasit*, *erupit*. Ce n'est point là un vain jeu de mots; c'est une accumulation vive et agréable dans cette circonstance.

Le mot *Sica* peut s'entendre au figuré de la personne même de *Catilina*, ou, au propre, du poignard qu'il portait habituellement, et dont il menaçait sur-tout *Cicéron*.

La fin de cet exorde, qui montre *Catilina* comme une bête féroce forcée de quitter sa proie, est d'une énergie admirable.

Je ne porterai pas plus loin mes observations littéraires sur cet excellent discours de *Cicéron*. Je me presse en ce moment de poursuivre ma principale carrière, et de traduire, du mieux qu'il me sera possible, le troisième discours de cet admirable orateur, sur le même objet.

TROISIÈME HARANGUE

PRONONCÉE ENCORE DEVANT LE PEUPLE ROMAIN.

ARGUMENT.

Il y eut trois semaines d'intervalle entre la deuxième et la troisième Catilinaires. Pendant ce temps Cicéron prit toutes ses mesures pour avoir des preuves évidentes de la conjuration: quand il les eut obtenues par les députés des Allobroges et par Fabius Sanga, patron de leur cité, il assembla le sénat dans le temple de la Concorde et l'instruisit de tout ce qu'il venait d'apprendre; il le rendit même témoin des dépositions des Allobroges et de celles de Vulturcius. Quand il eut terminé cette séance et anéanti toutes les espérances des conspirateurs, il alla aussitôt se présenter au peuple, pour lui exposer la manière dont il avait découvert toutes ces nouvelles manœuvres et quels étaient à cet égard les décrets du sénat. Après avoir retracé aux Romains la protection manifeste des dieux, il les exhorte à leur rendre de dignes actions de grâces, et à ne point oublier tout ce qu'il fait dans son consulat pour le bien de la république. Il met dans ce souvenir reconnaissant sa plus douce récompense.

I. 1. La république est sauvée, Romains, et votre vie avec elle. Ainsi vos biens, vos emplois, vos femmes, vos enfans sont hors d'atteinte; ainsi le siége de ce brillant empire demeure inébranlable avec la ville la plus fortunée et la plus belle du monde. C'est aujourd'hui que, par un rare effet de l'amour suprême des dieux immortels, vous obtenez ces avantages, soutenus par mes travaux, par mes conseils et mes propres dangers. Nous avons arraché aux flammes et au fer, et presque à la gueule dévorante du destin, ce que nous avons de plus précieux, et dont vos regards attestent le rétablissement et la conservation.

2. Et s'il est vrai d'ailleurs que les jours où nous sommes sauvés ne sont ni moins agréables, ni moins illustres pour nous que ceux où nous prenons naissance, puisque la joie de notre délivrance est certaine, et que la condition où nous sommes, en paraissant au jour, est incertaine; puisque le sentiment ne joue qu'un faible rôle quand nous naissons, et qu'au contraire, la volupté la plus douce accompagne notre salut personnel; puisqu'enfin il faut reconnaître que *Romulus*, le fondateur de cette ville, a été mis au rang des dieux immortels, par la bienveillance des Romains autant que par sa propre renommée, il s'ensuit évidemment que vous et vos descendans vous devez honorer celui qui, long-temps après la fondation de cette ville, a su la conserver dans sa gloire. Nous avons en effet éteint les feux qu'on

avait déjà répandus de toutes parts dans cette ville
et dont on avait environné nos temples, nos autels,
nos maisons, nos remparts ; nous avons émoussé
ces glaives déjà levés contre la république ; nous
avons éloigné de votre sein leurs pointes, prêtes
à vous égorger. Voilà ce que j'ai découvert au
sénat, ce que j'ai prouvé, manifesté devant lui.
Maintenant je vais, Romains, vous en exposer
rapidement le tableau, afin que vous connaissiez
à votre tour combien ces choses sont étonnantes,
combien cependant elles sont certaines, et quels
moyens j'ai pris pour les dévoiler et en arrêter
les effets ; ce que vous ignorez là-dessus, ce que
vous êtes dans l'impatience d'apprendre, vous le
saurez à ne pouvoir en douter.

II. 3. *Narration.* Du premier moment où
naguères *Catilina* s'éloigna de Rome en y laissant ses compagnons de crime, les chefs les
plus ardens de la guerre monstrueuse qu'il nous
déclare, je n'ai cessé, Romains, de redoubler
de vigilance et de zèle pour nous mettre tous
à l'abri de leurs trames aussi dangereuses que
perfides. En effet, quand je parvins dès-lors à
chasser hors des murs *Catilina* (ce que je ne
crains plus de dire, quand je dois plutôt craindre
qu'on ne m'accuse de l'avoir laissé sortir impu-
nément), quand je réussis donc, comme je le
voulais, à lui faire quitter nos remparts, j'étais
persuadé, ou que la troupe des conjurés qui
restaient sortirait avec lui, ou que, dépourvue
de son secours et de sa présence, elle demeu-

rerait sans ressource, et incapable de rien entreprendre.

4. Cependant, aussitôt que je me suis aperçu
que les conjurés les plus enflammés de fureur et
de scélératesse étaient, à ma connaissance, ceux-
là même qui étaient au milieu de nous, et qui
restaient au sein de Rome, j'ai employé mes jours
et mes nuits à m'assurer parfaitement, et de ce
qu'ils faisaient et de ce qu'ils voulaient entreprendre. Je sentais que l'énormité extraordinaire
de leurs attentats alarmerait tellement votre
oreille, que vous ne pourriez ajouter foi à mes
discours, il a fallu donc si bien saisir l'affaire,
qu'il n'y eût plus d'hésitation de votre part, et
que vous fussiez tous persuadés qu'il fallait absolument pourvoir à votre salut, en voyant de
telles noirceurs de vos propres yeux. En conséquence, du moment que j'ai découvert que *P.
Lentulus* avait vivement pressé les députés des
Allobroges d'exciter la guerre au-delà des
Alpes, et de fomenter des troubles dans la Cisalpine ; du moment que je n'ai pu douter que ces
gens-là étaient envoyés auprès de leurs concitoyens, et qu'en suivant la même route, ils devaient
remettre à *Catilina* certaines lettres et certains
ordres secrets, sans compter que *Vulturcius*
leur était adjoint pour les accompagner et pour
remettre lui-même d'autres lettres à *Catilina* ;
dès ce moment j'ai senti qu'il s'offrait à moi l'occasion la plus favorable du monde et la plus

4

difficile à obtenir, qui était non-seulement de dévoiler à mes yeux toute la suite de la conjuration, mais encore de la rendre manifeste aux yeux du sénat et aux vôtres.

5. Voilà pourquoi j'invitai hier à venir chez moi les préteurs *L. Flaccus* et *C. Pontinus*, ces hommes aussi renommés par leur courage que par leur amour pour la république : je leur exposai l'état où se trouvaient les choses et ce que j'avais dessein de faire en cette circonstance. Aussitôt ces généreux Romains, qui, pour le bien public, ont des sentimens aussi nobles qu'intrépides, se sont empressés de seconder mes vues sans la moindre hésitation, sans le moindre retard : vers l'approche de la nuit, ils se sont rendus secrètement au pont *Milvius*, et là, partageant leurs forces en deux manières, dans les fermes voisines, ils ont si bien fait qu'ils n'ont laissé entr'eux que le pont et le Tibre. Ils ne se sont pas bornés à cela : car d'eux-mêmes, sans donner à personne le moindre soupçon, ils ont amené de la ville un certain nombre d'hommes de courage, sur lesquels on pouvait compter. Je les ai soutenus pour ma part de plusieurs jeunes gens d'élite, tirés de la préfecture de *Rieti*, et dont je me sers assidument, quand j'ai besoin de quelques renforts pour la république; chacun était armé de son glaive. A peine finissait la troisième veille, que voilà les députés des Allobroges qui arrivent au pont *Milvius* avec

une suite nombreuse ; ils y pénétraient avec *Vulturcius*, lorsque tout de suite on se jette sur eux ;
les glaives sont tirés de part et d'autre. Mais
comme les préteurs seuls connaissaient l'affaire,
et qu'elle était parfaitement ignorée des autres,
ils se présentent sans différer.

III. 6. Cette intervention subite de *Pontinus* et
de *Flaccus* fait cesser le combat déjà commencé ;
l'on s'apaise. Cependant toutes les lettres sont
saisies sur la troupe rebelle ; on les remet bien
cachetées aux préteurs ; l'on s'assure des députés
et de leur suite, et on les amène chez moi vers
le point du jour. Sans perdre un instant, je
donne ordre que le plus détestable provocateur
de tous ces crimes me soit amené ; je veux dire
Cimbrus Gabinius ; il se présente sans soupçon
de ce qui venait de se passer. Ensuite je fais
venir également *Statilius*, et après lui *Céthégus.*
Quant à *Lentulus*, il vint à mon appel beaucoup
plus tard ; sans doute que pour remettre ses
lettres, il venait de veiller bien avant dans la
nuit contre son ordinaire.

7. Cependant des hommes distingués et très-
connus dans cette ville, sur la nouvelle de ce
qui venait de se passer, se rendirent en bon
nombre chez moi de grand matin, et me témoi-
gnèrent qu'il convenait d'ouvrir ces lettres avant
de les envoyer au sénat, afin de m'assurer si
elles renfermaient quelque chose de dangereux,
et de ne point paraître l'auteur, dans le cas

contraire , de tout le trouble que cela pourrait répandre dans la ville : je répondis que je ne pouvais en agir ainsi quand il s'agissait du péril de la république , et que je devais alors porter l'affaire dans toute son intégrité devant le conseil public. Dans le vrai , vous sentez , Romains , que lors-même que les choses dont on venait de me faire le rapport n'eussent pas été vraies, il ne pouvait me tomber dans l'esprit d'avoir à craindre de prendre des soins excessifs, quand il s'agissait pour l'État des plus grands dangers. Je me suis seulement empressé d'assembler le sénat , et vous avez vu qu'il s'est rendu en grand nombre. Sans perdre de temps , et sur l'avis même des Allobroges , j'ai envoyé le préteur *C. Sulpitius* , dont on connaît le courage, dans la maison de *Céthégus* , pour en retirer les armes qui pourraient s'y trouver. Il y avait en effet un très-grand nombre de poignards et de glaives qu'il a eu soin d'emporter.

‹ IV. 8. Cela fait, j'ai moi-même introduit, sans les Gaulois, *Vulturcius* au sein du sénat , et , par son ordre , je l'ai mis sous la garantie de la foi publique; ensuite je l'ai exhorté à nous dire franchement et sans crainte tout ce qu'il savait sur la conjuration. Alors cet homme , se remettant à peine de l'extrême frayeur qui l'agitait, a déclaré que *Lentulus* lui avait donné pour *Catilina* certains ordres secrets et certaines lettres , sur-tout pour l'engager à mettre en

usage le secours des esclaves, et à s'approcher
de la ville avec son armée le plutôt possible,
afin que lorsque la ville serait de toutes parts
livrée aux flammes et que l'on égorgerait une
foule de citoyens, selon le plan et l'ordre con-
venus, lui, *Catilina*, se trouvât présent pour
tomber sur les fuyards et pour se réunir ensuite
avec les autres chefs qui l'attendraient dans la ville.

9. Ces dépositions entendues, l'on fit entrer
les Gaulois, qui déclarèrent que des promesses
solennelles leur avaient été faites de la part de
Lentulus, de *Céthégus* et de *Statilius*, et qu'ils
en avaient reçu des lettres pour leur nation :
ils ajoutèrent que ces gens-là, de concert avec
Cassius, leur avaient spécialement recommandé
d'envoyer au plutôt en Italie une cavalerie imposante; ajoutant qu'ils avaient à leur disposition
des troupes suffisantes d'infanterie. Ils déclarèrent en même temps que *Lentulus* leur avait
pleinement assuré que les prédictions des sibylles
et les réponses des aruspices lui étaient également
favorables; que, d'après elles, lui, troisième des-
cendant de la famille *Cornelia*, était désigné
pour obtenir la souveraineté de Rome et de l'empire; que cela ne pouvait lui manquer, puisque
Cinna l'avait précédé dans cette suprématie ainsi
que *Sylla*, et qu'au reste il avait déjà annoncé
lui-même que l'année où ils étaient était marquée
par le destin pour devenir le théâtre d'un ren-
versement dans la ville et dans l'empire; car il

s'était écoulé dix ans depuis la justification des
vierges vestales, et vingt depuis l'embrasement
du capitole. Cela dit, ils ajoutèrent que *Céthégus*
avait eu avec ses complices une vive dispute sur
le jour où devait éclater le complot. *Lentulus*
et les autres indiquaient les saturnales comme
le temps le plus favorable pour répandre dans
la ville le carnage et les flammes, au lieu que
Céthégus prétendait qu'il ne fallait pas mettre
autant de retard dans cette exécution.

V. 10. Enfin, pour ne pas prolonger mon
récit, je vais au but, Romains. Nous avons fait
apporter devant nous les lettres que chaque
conjuré avait remises. D'abord nous avons montré
à *Céthégus* le cachet qui lui était propre; il l'a
reconnu : nous avons tranché le fil qui le sou-
tenait; nous avons lu. L'écrit était visiblement
de sa main. Il disait au sénat des Allobroges et
au peuple qu'il s'acquitterait avec soin de ce
qu'il avait promis à leurs mandataires, et que,
de son côté, il les priait instamment de remplir
les promesses que ceux-ci lui avaient faites en
leur nom. Alors *Céthégus* fut confondu. Quand
on lui avait demandé naguère ce qu'il voulait
faire des glaives et des poignards que l'on avait
surpris dans sa maison, il avait répondu que
c'était à raison du goût particulier dont il était
épris pour les belles armes : mais à présent, cons-
terné, abattu, il ne put résister au témoignage de
sa conscience et il garda tout à coup un profond

silence. Après lui fut introduit *Statilius*, qui reconnut sa main et le sceau dont il usait : on lui récita sa lettre, conçue à peu près dans le même sens ; il avoua en être l'auteur.

11. Alors j'ai montré à *Lentulus* les tablettes qui le regardaient ; je lui ai demandé s'il en connaissait la marque ? il n'en est pas disconvenu. Cette marque, lui ai-je dit, te doit être en effet bien familière ; elle te présente l'image de ton aïeul, cet homme si célèbre, qui fit ses plus chères délices de sa patrie et de ses concitoyens. Ce seul objet, dans son silence même, aurait bien dû te détourner de tes exécrables forfaits. Aussitôt on lut de la même manière sa lettre qui s'adressait au sénat des Allobroges et au peuple. As-tu quelque chose à répondre à tout cela ? ai-je ajouté ; je t'en accorde le pouvoir. A cette interpellation il s'est d'abord décidé à un désaveu formel. Cependant quelque temps après, l'exposition des preuves dans toute leur étendue ayant été mise au grand jour, il s'est levé brusquement et a demandé aux Gaulois qu'est-ce qu'il pouvait avoir à démêler avec eux et quelle raison les avait engagés à se rendre chez lui ? Il a fait la même question à *Vulturcius*. Ceux-ci lui ont répondu d'une manière ferme et précise ; ils lui ont rappelé la personne qu'il employait pour les faire venir dans sa maison et le nombre de fois qu'ils s'y étaient rendus ; ils lui ont même demandé s'il n'était pas vrai qu'il leur eût parlé

des destinées que lui promettaient les sybilles?....
A ces mots, notre homme, changeant tout à
coup de contenance, et, comme éperdu par le
crime, et par la puissance du remords, à cessé,
au grand étonnement de tout le monde, de faire
les dénégations formelles auxquelles on s'atten-
dait, et s'est déclaré coupable par des aveux
authentiques. Ainsi toutes les ressources de son
esprit se sont alors évanouies avec cette facilité
de langage dont il avait toujours montré le talent.
Une chose même devenue en lui plus surprenante et qui fait voir ce que c'est que la force
du crime, quand il se manifeste et se dévoile
inopinément, ça été la chûte de son impudence,
qu'il portait au suprême degré, et dont il s'est
vu abandonné subitement, ainsi que de sa résistance scélérate.

12. Mais voilà qu'à l'instant *Vulturcius* demande que l'on produise et que l'on ouvre la
lettre qu'il assurait lui avoir été remise pour
Catilina, de la part de *Lentulus*. A ces mots,
celui-ci tomba dans un trouble extrême; cependant il reconnut son écriture et le sceau qui lui
était propre. Cette lettre était écrite sans titre ;
mais elle était conçue en ces termes : « Vous
« connaîtrez qui je suis par l'homme que je vous
« adresse: songez à vous montrer en homme, et
« n'oubliez pas à quel état de choses vous êtes
« parvenu. C'est à vous à examiner ce qui vous
« est désormais nécessaire, et à vous adjoindre

« toute sorte de secours , même de la part des
« hommes ordinaires. » *Gabinius* fut ensuite introduit. Celui-là commença par répondre d'une
manière impudente; mais à la fin, il se décida
à ne rien désavouer de toutes les choses dont le
chargeaient les Gaulois.

13. Pour moi je dois vous assurer, Romains,
que malgré la certitude de ces preuves et les
marques évidentes que je reconnaissais de ce
complot scélérat , dans les tablettes , dans les
sceaux , dans les mains de chacun, enfin dans
leurs aveux réciproques , j'étais encore plus frappé
de cette évidence par l'altération des traits, par
les regards , par l'air et le silence des conjurés :
ils étaient tellement abattus ; ils fixaient les yeux
sur la terre avec tant d'étonnement ; ils se lan-
çaient quelquefois entr'eux un coup-d'œil furtif
avec tant d'expression , qu'ils paraissaient plutôt
se déclarer mutuellement coupables , que d'être
poursuivis par les accusations des autres.

VI. 14. Quand ces manifestations ont été expo-
sées et mises au grand jour, j'ai dû , Romains,
consulter le sénat : je lui ai demandé ce qu'il y
avait de plus avantageux à faire pour le corps
entier de la république. Les premiers à dire leur
avis, l'ont fait avec beaucoup de force et de
grandeur d'âme ; le reste du sénat a été de leur
sentiment, d'une voix unanime ; mais puisque ce
décret n'est pas encore mis au jour , je vais,
Romains, vous en faire part de mémoire , et
vous apprendre ce qui a été décidé par le sénat.

4*

15. D'abord on a cru devoir me rendre grâces en termes très-honorables d'avoir fait servir mon courage, mon discernement et ma prévoyance à délivrer la république des plus grands dangers qu'elle ait jamais courus. Ensuite l'on a donné de justes louanges aux préteurs *L. Flaccus* et *C. Pontinus*, pour m'avoir secondé de tous leurs soins, avec autant de fidélité que de courage. L'on a aussi donné à mon généreux collègue les éloges qu'il mérite pour s'être bien assuré de tous ceux qui avaient part à la conjuration, et pour les avoir tenus éloignés de ses propres opinions et de celles qui tenaient à la république.

Ensuite l'on a décidé que *Lentulus* abdiquerait la préture et serait mis en prison. La même sentence a été prononcée contre *Céthégus*, *Statilius* et *Gabinius*, qui tous se trouvaient là en notre présence. Un semblable décret a été lancé contre *Cassius*, qui s'était spécialement chargé du soin d'incendier la ville; contre *Céparius*, qui, pour soulever les pâtres de la Pouille, en avait obtenu le gouvernement; contre *Furius*, un de ces colons que *Sylla* conduisit à Fésules; contre *Magius Chilon*, qui, de concert avec ce *Furius*, s'était toujours occupé de gagner les Allobroges; contre *Umbrenus*, vil affranchi, qui le premier avait conduit les Gaulois chez *Gabinius*. Vous voyez par là, Romains, que le sénat a usé d'une si grande modération, que dans une conjuration de cette force, que dans la violence et la multitude de

tous ces ennemis intérieurs, il a suffi de la puni-
tion de neuf hommes pervers pour conserver la
république, et pour espérer de ramener à la
raison les esprits égarés des autres complices.

16. Je dois vous dire encore, Romains, qu'il
a été ordonné aussi de faire en mon nom de pro-
fondes supplications aux dieux immortels pour
leurs suprêmes bienfaits. Il est remarquable que,
depuis la fondation de Rome, je sois le premier
qui sous la toge aie obtenu un honneur si rare;
car le décret m'attribue, en termes exprès, la
gloire *d'avoir sauvé la ville de l'incendie, les
citoyens du carnage et l'Italie de la guerre civile.*
En comparant ces supplications aux autres,
vous reconnaîtrez, Romains, qu'il y a cette
grande différence, c'est que les unes ont été
faites en l'honneur d'une bonne gestion envers
la république, et que celles-ci ont été ordonnées
pour le salut de cette même république.

Au reste, ce qu'il s'agissait de faire avant tout
vient d'être fait, d'être terminé ; car nous avons
puni *Lentulus*, non pas seulement d'après la
manifestation des preuves et de ses propres
aveux, mais encore d'après l'abdication qu'il a
faite par ordre du sénat, et de ses droits de
préture et de sa qualité de citoyen. En cela nous
avons été plus religieux que l'illustre *Marius*,
qui fit mourir le préteur *Glaucia* sans aucun
décret préalable. L'on ne saurait nous reprocher
une témérité semblable, puisque *Lentulus* est

devenu simple particulier avant de subir là rigueur des lois.

VII. 17. Maintenant, Romains, que vous avez saisi les chefs les plus coupables d'une guerre aussi criminelle que dangereuse ; maintenant qu'ils sont tous en votre puissance, et que vous les tenez dans les fers, vous devez sentir que toutes les troupes de *Catilina*, toutes ses espérances, toutes ses richesses, sont comme anéanties ; c'est l'effet naturel de ce que nous avons fait pour éloigner de la ville ce qui en faisait le principal danger. Pour moi, lorsque j'éloignais de nos remparts ce conspirateur, je prévoyais en mon âme une chose, ô Romains, qui s'est réalisée ; c'est qu'après avoir fait sortir *Catilina*, je n'avais à craindre ni le long sommeil de *Lentulus*, ni le lourd embonpoint de *Cassius*, ni la témérité furibonde de *Céthégus*. C'était le chef qui était le seul à craindre, oui, le seul parmi tous ses complices, mais spécialement dans le temps qu'il se renfermait au sein de nos remparts : aucun ressort ne lui était inconnu ; aucune entrée ne lui était interdite ; qu'il fallût appeler, essayer, solliciter, il en avait le pouvoir et l'audace ; son génie était fait pour le crime, et ce génie ne trouvait jamais en défaut ni sa langue ni son bras. Quand lui-même avait déterminé ce qu'il fallait exécuter absolument, alors des hommes déterminés, choisis, reconnus, étaient à ses ordres. Ce qu'il avait une fois prescrit, il ne le croyait pas achevé pour cela ; il ne laissait rien qu'il n'examinât par lui-même, qu'il ne prévînt, qu'il ne surveillât, qu'il ne secondât de son travail. Le froid, la soif, la faim, il bravait avec la même facilité toutes ces souffrances.

18. Croyez-vous qu'un homme si impétueux, si résolu, si hardi, si rusé, si ardent pour le crime, si actif dans ses revers, croyez-vous qu'en le laissant tranquille au sein de ses embûches domestiques, en ne le forçant pas à paraître dans son brigandage guerrier, j'eusse jamais pu éloigner de vos têtes ce déluge de maux prêts à fondre sur elles ? Non, Romains, je vous dis franchement ce que j'en pense, non, jamais cela ne m'eût été possible, ou du moins c'eût été très-difficile ; car alors il n'aurait pas fixé les saturnales pour décider de votre sort ; il n'aurait pas annoncé si long-temps d'avance la ruine de la république, le terme fatal de son existence ; il ne se serait point exposé à laisser surprendre le sceau de ses lettres et ces lettres elles-mêmes, témoins irrécusables de ses crimes ; au lieu que maintenant, par l'effet de son absence, toutes ces choses se sont si bien passées, que jamais, dans aucune maison particulière, quand il s'est agi d'un vol clandestin, il n'en a point existé dont la découverte publique ait autant frappé les esprits que la manifestation, que la surprise éclatante de cette affreuse conjuration contre la république. Je suppose que *Catilina*

eût resté jusqu'à aujourd'hui dans cette ville,
j'aurais eu beau m'opposer, comme je l'ai fait, à
tous ses projets, j'aurais eu beau les combattre,
il aurait fallu toutefois, et c'est le moins que
je puisse dire, il aurait fallu que nous fussions
sans cesse aux prises avec lui, et jamais, avec
un ennemi pareil auprès de nous, nous n'aurions
délivré la république de si grands dangers, en
conservant une paix, une sécurité, une tran-
quillité aussi rares.

VIII. 19. Cependant, Romains, je dois, en
toutes ces choses, convenir que je les ai dirigées
de manière à faire voir que les dieux immortels
les ont soutenues de leur bonne volonté, les ont
animées de leur esprit. Nous pouvons tous nous
pénétrer de cette vérité, d'abord par nos con-
jectures, puisque la prudence humaine paraît à
peine capable d'avoir gouverné des affaires d'une
si haute importance ; ensuite par la considération
que ces mêmes dieux se sont montrés tellement
favorables à nos vœux dans ces circonstances,
tellement disposés à nous seconder de leur puissance et de leur secours, qu'il nous a été facile
en quelque sorte de les contempler de nos propres yeux. Car, sans retracer ici ces témoignages
éclatans qui ont frappé nos regards au milieu des
ténèbres de la nuit, ces feux qui ont éclairé l'oc-
cident, cet embrasement des cieux, ces traits
de tonnerre, ces agitations qui ont fait trembler
la terre sous nos pas, sans parler de tous ces

prodiges et de 'ant d'autres qui ont éclaté sous
notre consulat , et qui nous ont fait croire avec
raison que tout ce qui arrive maintenant est l'effet
des prédictions célestes des dieux immortels , je
dois encore , Romains , vous rappeler des événemens mémorables qui ne doivent pas être négligés
ni passés sous silence.

20. Votre mémoire a sûrement conservé le
souvenir de ce qui arriva sous le consulat de
Cotta et de *Torquatus*. Vous savez que plusieurs
tours du capitole furent alors frappées de la
foudre , les représentations des dieux immortels
repoussées, les statues des anciens Romains ren-
versées, les lois gravées sur le bronze fondues :
il fut frappé aussi le fondateur de cette ville,
Romulus, dont vous vous rappelez d'avoir vu
dans le capitole la statue d'or , représentée sous
les traits d'un petit enfant qui tette encore et
qui est suspendu aux mamelles d'une louve. Ce
fut précisément à cette époque que les aruspices
rassemblés de toutes les parties de l'Étrurie, se
rendirent à Rome et déclarèrent que des meurtres, des incendies, des destructions des lois,
des guerres civiles et domestiques menaçaient la
ville entière et l'empire d'une ruine prochaine,
si les dieux immortels n'étaient apaisés par toute
sorte de moyens, et ne changeaient en quelque
chose, par leur puissance, les ordres rigoureux
des destins.

21. Les réponses de ces prêtres provoquèrent

alors l'établissement de certains jeux qui furent
célébrés pendant dix jours, et l'on n'oublia rien
de ce qui était capable d'apaiser les dieux. Ces
mêmes ministres des autels prescrivirent encore
de consacrer à Jupiter une statue plus grande
qu'à l'ordinaire, de la mettre sur un lieu très-
élevé, et de lui donner une position toute contraire, en la tournant vers le lever du soleil.
Ils dirent qu'à ces conditions ils avaient bonne
espérance, et que si cette figure qui se présente
à vos regards était vers l'orient ainsi que vers
le *forum* et le palais, il arriverait infailliblement
que toutes les trames ourdies contre le salut de
la ville et de l'empire seraient mises au grand
jour et parviendraient parfaitement à la connaissance du sénat et du peuple romain. En conséquence, les consuls adjugèrent l'entreprise de
cet ouvrage, mais on apporta tant de lenteur
à le faire, qu'il ne fut achevé et mis à sa place
ni sous les consuls qui nous ont précédés, ni
même depuis notre élection, mais seulement à
compter du jour présent qui nous éclaire.

IX. 22. D'après cela, Romains, qui pourrait
être assez ennemi de la vérité, assez frivole,
assez dépourvu de jugement pour ne pas reconnaître que tout ce que nous voyons s'opérer,
sur-tout dans l'administration de cette ville, est
un heureux effet de la volonté et de la puissance
des dieux immortels : car, lorsque les réponses
des aruspices nous annonçaient que le carnage,

l'incendie, la ruine allaient se répandre sur la
république ; par les manœuvres de quelques
citoyens pervers, on ne pouvait pas croire à
des choses si affreuses, à des crimes si énormes ;
il a fallu vous faire sentir, à ne pouvoir en
douter, que des scélérats avaient non-seulement
pensé à de pareilles horreurs, mais encore qu'ils
avaient entrepris de les faire exécuter. Mais,
n'est-il pas singulièrement propice de la part du
plus grand, du meilleur des dieux, du suprême
Jupiter, que sa volonté toute-puissante paraisse
avoir éclaté ce matin même, lorsque, par mon
ordre, sont passés au travers du *forum* les
conjurés avec les révélateurs de leurs crimes ?
Au moment où on les conduisait dans le temple
de la Concorde, on y dressait solennellement
la statue de ce roi des dieux. Eh bien ! à peine
a-t-elle été placée et tournée vers le sénat et
vers le lieu de vos assemblées, que vous avez
été tous témoins, les sénateurs et vous, de tout
ce qui avait été tramé contre le salut général
de la république ; rien n'a pu se cacher, rien
se dérober à vos regards.

23. Voilà ce qui rend ces malfaiteurs dignes
d'une haine souveraine, dignes des plus grands
supplices, puisque, peu contens de vouloir
embraser vos domiciles, vos maisons, ils se
sont efforcés encore de tourner leurs flammes
funestes, leurs feux criminels, contre les temples
des dieux et leurs habitations sacrées. Si je venais

me vanter devant vous, Romains, d'avoir seul
résisté à ces infâmes, je prendrais sûrement trop
sur moi-même ; je montrerais une présomption
intolérable. C'est lui, oui, c'est Jupiter qui a
fait cette noble résistance ; c'est lui qui a sauvé
le capitole; c'est lui qui a voulu que vos temples,
que votre ville, que vous-mêmes, vous fussiez
tous garantis des flammes. Pour moi, je n'ai que
l'avantage d'avoir suivi l'inspiration des dieux
immortels, d'avoir secondé leur volonté suprême
et d'être parvenu à obtenir par eux les preuves
éclatantes de la conjuration. Mais si nous en
venons aux Allobroges, je demanderai si *Lentulus* et les autres ennemis domestiques ont pu
confier, avec tant d'imprudence, un si grand
projet à des gens inconnus, à des étrangers,
à moins d'admettre que les dieux immortels
leur ont ôté la clairvoyance au milieu de tant
d'audace ? Croit-on que sans cela les conjurés
eussent si légèrement confié des lettres à de
pareilles mains ? Mais quoi ! n'est-ce pas étonnant
que des Gaulois, sortis d'une nation peu tranquille, la seule qui paraisse et pouvoir et vouloir
faire la guerre au peuple romain, soient maintenant disposés à négliger l'espoir de la suprématie et d'autres grands avantages que certains
patriciens leur offraient, pour ne voir que votre
bien aux dépens de leur puissance ! Je vous le
demande : n'est-ce pas là un effet de la volonté
divine, quand il est constant sur-tout que ces

Gaulois n'auraient pas eu besoin de combats,
mais du seul silence pour nous vaincre?

X. 24. Voilà pourquoi, Romains, quand on
vient de décerner à toutes les statues des dieux
de très-humbles supplications, vous devez, avec
vos femmes et vos enfans, célébrer ces jours
solennels. Vous avez, il est vrai, rendu souvent
aux dieux immortels ces sortes d'honneurs; ils
étaient fondés sur votre devoir; ils étaient justes;
mais jamais certainement ils ne le furent davantage. Vous venez en effet d'être sauvés d'une
mort cruelle et déplorable, et vous lui échappez
sans carnage, sans effusion de sang, sans armée,
sans combat. Vous avez conservé la toge, et
moi, sous la toge, j'ai été votre chef, votre
général, et vous avez remporté la victoire.

25. Rappelez-vous, Romains, de toutes vos
dissentions civiles; je ne parle pas seulement de
celles que vous avez apprises, mais encore de
celles qui sont récentes et dont la mémoire et
le spectacle vous sont encore présens. *Sylla* fut
l'oppresseur de *Sulpitius;* il chassa de la ville
Marius, jadis le conservateur de cette même
ville; il bannit également de la cité plusieurs
autres personnages illustres; il en fit même
mourir un grand nombre. Le consul *Octavius*
força, par les armes, son collègue à sortir de
la ville. Ce lieu où maintenant nous sommes fut
couvert de cadavres et regorgea du sang des
citoyens. *Cinna*, dans la suite, fut vainqueur

à son tour avec *Marius*. Alors on égorgea les plus illustres citoyens, et les flambeaux de l'État s'éteignirent. Cette victoire cruelle fut bientôt après vengée par *Sylla*, et je n'ai pas besoin de redire combien de citoyens disparurent et combien cette calamité fut désolante pour la république. On vit après en guerre ouverte *Lépidus* avec *Catulus*, un de nos plus illustres, de nos plus vaillans citoyens; et quand le premier périt, il causa un deuil général à la république, moins pour sa propre mort que par rapport à celle de tant d'autres Romains.

26. Cependant, Romains, ces dissentions, tout affreuses qu'elles étaient, ne tendaient pas à détruire la république, mais à la changer; les dominateurs voulaient, non anéantir la république, mais en être les maîtres; non réduire la ville en cendres, mais s'y montrer avec éclat. Enfin, dans toutes ces oppositions diverses, aucun des partis ne cherchait la ruine de la république : leur nature était de se terminer, non par le moyen de la réconciliation et de la concorde, mais par des proscriptions nombreuses de citoyens. Or, dans cette guerre, la seule qui, de mémoire d'homme, ait présenté autant de noirceurs et de cruautés, la seule où l'on ait vu des citoyens devenir étrangers à leur propre nation et lui déchirer le sein; la seule où la première loi d'un *Lentulus*, d'un *Catilina*, d'un *Cassius*, d'un *Céthégus*, a été de mettre

au nombre des ennemis quiconque voudrait se
sauver lui-même en sauvant sa ville natale. Dans
une guerre de cette nature, ô Romains! j'ai agi
de manière à vous sauver, vous conserver tous;
et lorsque vos ennemis ne pensaient à ne laisser
des citoyens que ceux qui pourraient survivre
à une horrible défaite, à ne laisser de la ville
que ce que la flamme n'aurait pu détruire, moi
j'ai conservé la ville et ses habitans sans aucune
atteinte et sans aucun dommage.

PÉRORAISON.

XI. 27. Pour des services si éminens, je ne
vous demande, Romains, aucune récompense de
vertu, aucune marque d'honneur, aucun monument de gloire; je ne prétends qu'à la mémoire
éternelle de cette journée. C'est dans vos cœurs
que je veux renfermer tous mes triomphes, tous
les ornemens honorifiques, tous les monumens
de la gloire, toutes les distinctions du mérite;
je ne désire point d'autre place; rien de muet
ne peut me plaire; rien de ce qui se tait, rien
enfin de ce qui est de nature à pouvoir être
obtenu par des personnages moins dignes. C'est
dans votre mémoire, Romains, que doivent s'entretenir nos actions; c'est dans vos discours
qu'elles doivent croître; les belles-lettres leur
serviront de monument pour se fortifier et se
rendre plus vives. Ce même jour, qui, je m'en
flatte, laissera un souvenir éternel, me fait com-

prendre que son étendue dans l'avenir réunira
toujours l'idée du salut de la ville avec la mémoire
de mon consulat. L'on dira que dans le même
temps ont existé en cette république deux citoyens
dont l'un fixait aux régions du ciel, plutôt qu'à
celles de la terre, les bornes de votre empire,
dans le temps que l'autre sauvait le centre habi-
tuel, le siége de ce même empire.

XII. 28. Mais puisque les choses que j'ai faites
ne présentent ni les mêmes événemens, ni les
mêmes circonstances que parmi les généraux qui
ont soutenu des guerres au dehors, par la raison
que moi j'ai à vivre avec les ennemis que j'ai
vaincus et subjugués ; au lieu que les chefs dont
je parle ont laissé leurs adversaires ou morts ou
opprimés : il s'ensuit donc, Romains, que si les
autres ne tirent que du profit de leurs actions,
vous devez veiller à ce que les miennes ne me
deviennent jamais nuisibles. En effet, j'ai pourvu
à ce que les projets criminels et perfides des
hommes les plus audacieux ne vous fussent funestes ; veillez donc à votre tour à ce qu'ils ne
le soient pas à moi-même. Je dois cependant
avouer, Romains, que les conjurés ne peuvent
guère désormais me causer de grands malheurs.
J'ai dans les gens de bien un rempart assuré qui
s'élévera toujours pour ma défense ; j'ai pour
moi la souveraine dignité de la république qui
me protégera dans son silence même ; j'ai enfin
pour moi la voix de la conscience, dont la force

est si puissante, que ceux-là même qui voudraient la fouler aux pieds pour m'outrager, se dévoileraient entièrement aux yeux du peuple.

29. Nous avons aussi pour nous, Romains, notre propre courage, qui est de nature à ne céder à aucune espèce d'audace, mais qui est même capable de nous faire attaquer ouvertement tous les méchans, quels qu'ils puissent être. Je suppose enfin que nos ennemis domestiques viennent à tourner sur moi seul cette rage impétueuse que j'ai su détourner de vos têtes; alors, Romains, il vous appartiendra de montrer en moi à quoi doivent s'attendre ceux qui, pour votre salut, se sont exposés à toute la fureur de l'envie et à toute sorte de dangers. Est-il rien toutefois que je puisse désormais ajouter aux heureux fruits de ma vie, lorsqu'après les honneurs que j'ai reçus de vous, après l'éclat que la vertu attache à la gloire, je ne vois rien de plus noble où il me soit permis d'atteindre.

30. Je viendrai à bout, n'en doutez pas, Romains, de soutenir, de relever même, dans la vie privée, les belles actions que j'ai faites pendant mon consulat. Je ferai en sorte que l'envie, dont j'aurai peut-être excité la fureur en sauvant la république, tourne plutôt ses traits contre les envieux, et serve à fortifier ma gloire. Enfin, je me dirigerai si bien dans le sein de cette république, que je ne puisse jamais perdre le souvenir de la conduite hono-

rable que j'aurai tenue ; j'aurai soin de la faire
paraître telle qu'elle a été, c'est-à-dire, une
suite de la solide vertu, mais non l'effet d'un
concours fortuit de circonstances.

Romains, déjà la nuit étend sur nous ses
voiles ; il vous reste à rendre hommage à ce
suprême Jupiter, le protecteur de cette ville
et le vôtre. Gagnez ensuite tranquillement
vos maisons ; et quoique le danger soit dès ce
moment éloigné de vos têtes, il est bon cependant
que vous agissiez comme la nuit précédente,
que vous défendiez vos toits par des gardes et
des sentinelles ; bientôt vous n'aurez plus besoin
de ce secours ; vous jouirez d'une paix constante
et sûre ; je prendrai pour cela les mesures con-
venables.

www.ingramcontent.com/pod-product-compliance
Lightning Source LLC
Chambersburg PA
CBHW060639100426
42744CB00008B/1685